Concise Manual of
Organic Product Certification

有机产品认证简明手册

陈企村 编著

科学出版社

北 京

内 容 简 介

本书是在我国有机产品认证相关法规、标准和准则的基础上，结合编著者丰富的认证实践经验，围绕各主要相关方需要注意的问题，把相关法规标准知识以及有机产品和有机农业知识融合成为一个比较完整的体系，为主要相关方提供了解我国有机产品认证制度的入门途径和实用指导。

本书适合农产品食品生产加工企业、农民专业合作社、家庭农场、认证机构和认证监管部门的有关人员以及高校学生和广大消费者阅读参考。

图书在版编目(CIP)数据

有机产品认证简明手册/陈企村编著. —北京：科学出版社，2016.1
ISBN 978-7-03-046199-5

Ⅰ. ①有… Ⅱ. ①陈… Ⅲ. ①有机农业-农产品-产品质量认证-中国-手册 Ⅳ. ①F326.5-62

中国版本图书馆CIP数据核字（2015）第262040号

责任编辑：侯俊琳 田慧莹／责任校对：胡小洁
责任印制：李 彤／封面设计：无极书装
编辑部电话：010-64035853
E-mail: houjunlin@mail.sciencep.com

科学出版社 出版
北京东黄城根北街16号
邮政编码：100717
http://www.sciencep.com

北京凌奇印刷有限责任公司 印刷
科学出版社发行 各地新华书店经销

*

2016年1月第 一 版 开本：850×1168 1/32
2022年2月第六次印刷 印张：5 1/8
字数：100 000
定价：48.00元
（如有印装质量问题，我社负责调换）

前　言

我国有机产品认证，自1990年浙江省临安县裴后茶园和临安茶厂通过荷兰有机产品认证机构认证而成为国内最早的获证组织起，已有25年的历史，而自2005年国家发布统一的有机产品认证法规和有机产品标准起，不过10年时间。在这一二十年中，我国生产的有机产品的消费市场，逐渐从国际转向国内，有机产品认证法规和有机产品标准也有重要修订，同时各界对有机食品及其生产也已越来越关注。为适应这一形势，国内陆续出版了一些书籍，从制度建设、标准解读、食品安全、中国生态农业等角度，介绍有机农业和有机产品的知识，并翻译出版了国外有代表性的有机产品标准，至于认证方面的内容，则散见于这些书籍之中。本书是在我国有机产品认证认可相关法规、标准和准则的基础上，结合编著者自己的认证实践经验写成的。它以简明扼要的方法，紧扣有机产品认证这个主题，围绕各主要相关方需要注意的问题，把相关法规标准知识以及有机产品和有机农业知识融合成为一个比较完整的体系，为主要相关方特别是认证委托人和广大消费者提供了解我国有机产品认证制度的入门途径和实用指导。按照这个目标，本书共分为七章：第一章，有机产品认证的基本问题；第二章，认证程序；第三章，认证机构对认证委托人的认证处罚；第四章，认证委托人须知；第五章，认证机构和认证人员；第六章，认证监管；第七章，认证信息通报制度和网上资源。另有三个附录。

  编者希望此书的出版能够为各相关方创建一个增进彼此了解的窗口，通过这个窗口，各相关方不但知道自己需要做什么，而且知道别人正在做什么，从而采取明智而有效的行动，为我国有机产品认证市场的不断发展贡献自己的一份力量。这个愿望能否实现，有待于读者评判。另外，由于编者认识和实践水平有限，在介绍有关法规、标准和准则以及相关知识方面，难免有脱漏、不妥甚至错误的地方，也请读者批评指正。

  在本书的编著和出版过程中，甘肃省农科院植保所金社林、西北农林科技大学图书馆赵海星以及科学出版社科学人文分社侯俊琳、田慧莹和文字编辑刘巧巧诸位同志给予大力支持，谨此表示衷心感谢。

编著者
2015 年 7 月

目　　录

前言

第一章　有机产品认证的基本问题 …………………… 1
　一、有机产品是什么？ ……………………………… 1
　　1. 从生产体系看，是来源于有机农业的 …………… 1
　　2. 从技术规范看，是符合有机产品标准的 ………… 5
　　3. 从合格评定看，是经过有机产品认证的 ………… 6
　　4. 三个有机产品定义的层级关系 …………………… 8
　二、有机产品认证的因素 …………………………… 8
　　1. 制度设计：有机产品认证遵循的法规 …………… 9
　　2. 技术规范：有机产品认证依据的标准 …………… 11
　　3. 评价活动：有机产品认证的主体、客体、方法、结果 …… 13
　　4. 有机产品认证的数量关系 ………………………… 20
　三、进出口有机产品的管理 ………………………… 20

第二章　认证程序 …………………………………… 22
　一、申请和受理 ……………………………………… 22
　　1. 认证机构信息公开 ………………………………… 22
　　2. 认证委托人获取信息并决定欲委托哪个认证
　　　机构认证 …………………………………………… 23
　　3. 认证委托人获取所选认证机构的有关文件表格

提出认证申请 ·· 24
  4. 认证机构对认证委托人提交的申请材料进行审查
   并作出受理决定 ·· 27
  5. 认证委托人和认证机构签订认证合同 ················ 28
二、现场检查 ·· 28
  1. 认证机构成立检查组并获得认证委托人确认 ········ 28
  2. 认证机构给检查组下达检查任务 ····················· 29
  3. 认证机构向检查组提供申请和受理阶段所有的
   认证材料和记录 ·· 30
  4. 检查组编制现场检查计划书并征得认证机构和
   认证委托人同意 ·· 31
  5. 检查组和认证委托人管理层举行首次会议 ·········· 32
  6. 认证委托人有关人员陪同检查组检查审核 ·········· 33
  7. 检查组和认证委托人管理层举行末次会议 ·········· 34
  8. 检查组撰写检查报告并获得认证委托人确认 ······· 35
  9. 检查组向认证机构提交包括检查报告在内的
   所有认证材料和记录 ··································· 36
三、认证决定 ·· 38
  1. 对于检查组提交的认证材料和记录，认证机构
   委托其他认证人员复核 ································ 38
  2. 认证机构和有关认证人员作出认证结论 ············· 39
  3. 认证委托人对认证结论持有异议时可以申诉 ········ 40
四、认证程序流程 ·· 41

目 录

第三章 认证机构对认证委托人的认证处罚 …… 42
一、不予受理的处罚 …………………………………… 42
二、现场检查发现的不符合项 ………………………… 43
三、认证后的处罚 ……………………………………… 44
 1. 认证证书的暂停 …………………………………… 45
 2. 认证证书的撤销 …………………………………… 45
 3. 认证证书的注销 …………………………………… 46

第四章 认证委托人须知 ………………………………… 48
一、论证规划，做好准备 ……………………………… 48
 1. 确定申请认证的产品范围 ………………………… 48
 2. 确定申请认证产品的生产基地、加工场地和经营场所并绘制成图 ……………………………… 59
 3. 委托检测产地环境质量并保留检测结果数据 …… 62
 4. 选好有机产品生产加工经营的管理者和内部检查员 ……………………………………………… 63
 5. 检查投入品是否在有机产品生产加工允许使用的物质表内 ………………………………………… 64
 6. 编制管理体系文件并决定管理体系开始运行的时间 ………………………………………………… 70
 7. 做好并保存管理体系运行以来生产加工经营活动和管理记录 …………………………………………… 73
 8. 检查生产加工经营的资质证明文件是否合法有效 …… 73
 9. 选定认证机构并认真填写其编制的认证申请表

和调查表 ·· 74
二、接受并配合认证机构的认证检查 ······························ 75
　　1. 初认证检查 ·· 76
　　2. 补充检查 ·· 76
　　3. 再认证检查 ·· 77
　　4. 监督检查 ·· 77
　　5. 飞行检查 ·· 78
三、妥善保管认证机构给予的书面认证文件 ····················· 78
　　1. 反映认证过程的书面认证文件 ································ 79
　　2. 反映认证结果的书面认证文件 ································ 79
四、正确使用三证一标 ·· 80
　　1. 有机转换认证证书的使用 ······································· 80
　　2. 有机产品认证证书的使用 ······································· 81
　　3. 有机产品销售证书的使用 ······································· 81
　　4. 有机产品认证标志的使用 ······································· 82
五、及时提出再认证申请 ··· 83
　　1. 正常情况下的再认证申请 ······································· 83
　　2. 异常情况下的再认证申请 ······································· 84
六、接受并配合认证监管部门的监督检查 ························ 84

第五章　认证机构和认证人员 ·· 86
一、认证机构的认证资质、认可能力和认证范围 ············· 86
　　1. 认证机构的认证资质 ··· 86
　　2. 认证机构的认可能力 ··· 87

3. 认证机构的认证范围 ················ 90
二、认证人员 ······················· 91
　　1. 认证人员的分类 ················· 91
　　2. 认证检查员的注册资质 ············· 91
三、认证机构和认证人员活动的程序要求和时限要求 ··· 98
　　1. 程序要求 ····················· 98
　　2. 时限要求 ····················· 99
四、社会服务 ······················· 100
　　1. 普及有机产品认证相关法律法规知识 ····· 100
　　2. 开展有机产品生产技术培训 ·········· 102
　　3. 推动区域有机产业发展 ············· 103

第六章　认证监管 ······················ 106
一、认证监管部门 ····················· 106
二、对认证活动中违法违规行为的处罚 ·········· 108

第七章　认证信息通报制度和网上资源 ·········· 112
一、认证信息通报制度 ·················· 112
　　1. 从认证委托人到认证机构 ············ 112
　　2. 从认证机构到国家认监委 ············ 113
　　3. 从国家认监委到地方认证监管部门和社会公众 ··· 114
二、网上资源 ······················· 115

参考文献 ·························· 118
附录 ···························· 120
　　附录Ⅰ　有机产品认证目录：小类覆盖产品范围 ····· 120

附录Ⅱ 品种混种：一种利用作物种内多样性的
　　　 栽培方法 ………………………………… 126
附录Ⅲ 有机产品生产加工中允许使用的物质表 …… 137

第一章

有机产品认证的基本问题

一、有机产品是什么?

1. 从生产体系看,是来源于有机农业的

有机产品首先是来源于有机农业的动植物产品。有两种情况:第一,是直接来源于有机农业的产品,包括收获后经过诸如清洁、分拣、脱粒、切割、保鲜、干燥等方法简单处理的产品。这一类有机产品可称为有机农产品,因为这符合农产品这个概念的普通意义。有机农产品认证以《中华人民共和国国家标准:有机产品》之生产部分为基础。第二,是指间接来源于有机农业的产品,即用有机农产品充当主要配料的加工产品,其认证以有机产品国家标准之加工部分为基础。这一类有机产品,其有机农产品的含量占全部配料总量的百分比不少于95%。不能满足这个要求的农产品加工产品,既不能称为有机产品,也不会被认证机构认证。如此说来,不但有机农产品,就是其加工产品,也颇带些"土味"的。

所以，过去有人把有机产品认证、绿色食品认证和无公害农产品认证看作是我国在农产品领域实行的三种产品认证制度，是一点也不错的。进一步讲，有机产品认证也就是有机农业及其附属加工业的认证。有机产品加工者若没有属于自己的有机配料生产基地，那么，为持续满足认证要求，必须寻求相关有机产品生产者作为其长期而亲密的合作伙伴。

既然有机产品直接或间接来源于且离不开有机农业，那么，什么是有机农业？其基本原则又是什么？有机农业中有哪些思想理念呢？

有机农业自 20 世纪初奥地利哲学家鲁道夫·斯坦纳（Rudolf Steiner）首先提出概念以来，经由许多科学家、企业家、官方组织、民间组织和热心人士的不断发展和实践，已有近百年历史。在有机农业的理论和实践中，除鲁道夫·斯坦纳外，瑞士生物学家汉斯·米勒（Hans Müller）和玛利亚·米勒（Maria Müller）夫妇，德国医生和微生物学家汉斯-彼得·鲁斯特（Hans-Peter Rusch），英国农学家艾尔伯特·霍华德爵士（Sir Albert Howard）和伊芙·贝尔弗夫人（Lady Eve Balfour），美国著作家和出版家罗代尔（Jerome Irving Rodale），日本世界救世教教主冈田茂吉（Mokichi Okada）和农民技术专家福冈正信（Masanobu Fukuoka），以及国际有机农业运动联盟（IFOAM，成立于 1972 年）等都曾作出过重要贡献。现在，全世界有许多国家和地区都在从事有机农业生产。但是不同国家和地区对有机农业的看法不尽相同。现以欧洲、美国和中国为例，作一比较和分析。

欧洲：有机农业是一种通过使用有机肥料以及采取适当的耕作和养殖措施以提高土壤长效肥力的体系。在这个体系中，可以有限使用矿物肥料，但不可以使用化学肥料。体系中的病虫草害不是使用化学合成物质而是通过自然的方法来控制的。

美国：有机农业是一种完全不用或基本不用人工合成的肥料、农药、生长调节剂和畜禽饲料添加剂的体系。在这个体系中，要尽可能使用轮作、秸秆、畜禽粪肥、豆科作物、农场外有机废弃物以及生物防治病虫害的方法，以保持土壤的生产力和可耕性、供给作物营养和防治病虫草害。

中国：有机农业是遵照特定的农业生产原则，在生产中不采用基因工程获得的生物及其产物，不使用化学合成的农药、化肥、生长调节剂、饲料添加剂等物质，遵循自然规律和生态学原理，协调种植业和养殖业的平衡，采用一系列可持续的农业技术以维持持续稳定的农业生产体系的一种农业生产方式。

第一，从以上三个有机农业的定义看，有机农业是一种生产体系。它可以是一个农场、林场、养殖场，也可以是它们的组合或者一部分。组合体系固然好，但在实际认证中还比较少见。只认证农场、林场或养殖场的一部分，将会给有机产品生产者在管理上带来些许麻烦。既有有机农业体系，那么其他体系我们便统称为常规农业体系或非有机农业体系。

第二，有机农业体系的目标是保持其持续稳定性，包括持续保持其土壤生产力。这里，虽然强调了持续保持土壤生产力的问题，但是保护生物多样性——物种多样性、品种多样性、遗传多样性——同样是体系目标的内在要求。因为作为农业生产劳动对象的动植物及其周围生活着的其他生物的情况不能不提到，而且有研究认为自然生态体系比农业生态体系稳定。例如，谷类锈病其病原物群体结构在近似于自然多样性的多系混种群体内就比较稳定，不会出现能够侵害多个品种的复杂小种甚至超级小种的问题。因此，有些植物科学家倡导改单一化种植体系为多样化种植体系，以避免由于单一化种植而引起的新小种不断产生、进而生产上不断要求更换新品种的所谓"恶性循环"。

第三，如何达到体系目标呢？三个定义给出的办法均涉及两个在体系内外普遍存在的问题，即植物养分的供给问题和植物病虫草害的防治问题，而其落脚点又在于相关投入物质上，即肥料和农药上。既然合成肥料和农药不能使用，而养分供给和病虫草害防治问题又不能不解决，那只好从别处设法寻找可以替代的物质、材料和方法。

如何理解体系内不使用合成物质（肥料和农药）呢？这有一个历史背景。我们知道，18世纪末期，英国首先发生了工业革命并于19世纪中期成为第一个工业化的国家。工业化引起了深刻的经济和社会变化，极大地提高了劳动生产率和生活质量并促进了农村城镇化步伐，因此世界各地纷纷起而仿效以实现本地区的工业化。现代农业正是在这种背景下发生和发展的。在工业革命和工业化的影响下，在工业革命和工业化提供的强大物质和技术方面的支撑下,以提高单位面积生产产量为首选目标的单一化种植方法,成为现代农业发展的一个趋势。而这种种植方法在一百年前还只限于物种的水平,其后便迅速发展到了物种以下的水平,不但减少了作物多样性,而且还减少了品种多样性,尤其减少了品种间的遗传差异。同时,这种发展趋势的另一个结果是由于大量使用化肥和农药等化学制剂而加重了环境问题。保护生态与环境的呼声随之而起并越来越强烈,有机农业从一开始就是对这种呼声的直面回应。因此,反对使用合成物质以保护土壤、大气和水环境乃其应有之义也就不足为奇了。

总括起来说,有机农业是一种以不使用合成物质为基础的旨在保护生态与环境的生产体系,其基本原则就是不使用合成物质。因此,来源于有机农业生产体系的有机产品这种有形之物由于体系本身的要求而承载着一种无形之物,即保护生态与环境的思想理念。或者还可以衍生出其他一些理念,如保护人类健康、关注动物福利等。撇开政治、经济、心理方面的因素不谈,生产经营有机产品的,客观上是传播这些理念,而消费有机产品的,同样也就是"消费"这些理念。

2. 从技术规范看,是符合有机产品标准的

有机产品标准是来源于有机农业生产实践,反过来又为有机农业生产实践服务的技术规范。它是人们长期从事有机农业生产实践的经验概括和总结,并随着有机农业生产实践的不断发展而发展。它定性或定量地描述了有机产品生产加工经营过

程中应当或必须注意的技术性事项并为保证完成这些事项规定了有关组织和人员的行为要求。因此,从技术规范看,有机产品是符合有机产品标准的产品。

但是,不同国家和地区的有机产品标准是不完全一致的,正如人们对有机农业的看法不尽相同一样。我国《有机产品认证管理办法》(国家质检总局第155号令)对有机产品的定义是:"生产、加工和销售符合中国有机产品国家标准的供人类消费、动物食用的产品。"中国有机产品国家标准,即我们通常所说的有机产品国家标准或有机标准。其他国家和地区如欧盟、美国和日本的有机产品标准,在我国已有译本。

任何单位和个人都可以对照有机产品国家标准自产自用有机产品,如果达标,也可以自诩为有机产品,甚至出售给他人,只要不在产品或产品最小销售包装和标签上标注含有"有机""ORGANIC"字样或可能误导公众认为该产品是经过认证的有机产品的文字表述和图案即可。

3. 从合格评定看,是经过有机产品认证的

对产品、服务、管理体系、组织机构或人员符合特定要求的评价活动,称为合格评定,如认证、认可、认定、鉴定、注册等。有机产品认证自然是一种针对产品的合格评定活动。

我国现在在农产品领域推行的产品认证制度,包括无公害农产品认证、绿色食品认证、有机产品认证、良好农业规范(GAP)认证四种制度,其中无公害农产品认证和绿色食品认证是我国特有的产品认证制度,国外没有。不同的产品认证制度

都有自己的认证要求；凡是符合不同产品认证制度认证要求并经过依法成立的认证机构认证的产品，其认证委托人都拥有相应的认证结果证明文件并享有使用相应质量标志的权利。

有机产品认证要求，除有机产品国家标准要求外，还有相关法律法规要求，以及认证机构依据相关法规标准自己设定的要求。在相关法律法规中，国家质量监督检验检疫总局（简称国家质检总局）发布的《有机产品认证管理办法》和国家认证认可监督管理委员会（简称国家认监委）发布的《有机产品认证实施规则》规定的要求是最为直接的法律法规要求。另外，《中华人民共和国产品质量法》、《中华人民共和国进出口商品检验法》、《中华人民共和国农产品质量安全法》、《中华人民共和国计量法》、《中华人民共和国标准化法》、《中华人民共和国认证认可条例》（国务院第390号令）、《认证证书和认证标志管理办法》（国家质检总局第63号令）、《认证机构管理办法》（国家质检总局第141号令）、《认证认可申诉投诉处理办法》（国家认监委2011年第1号公告）等法律法规相关要求也比较重要。

符合有机产品认证要求并经过有机产品认证的有机产品其认证委托人享有使用认证结果证明文件即有机产品认证证书、有机转换认证证书和有机产品销售证书的权利，享有使用中国有机产品认证标志的权利，享有在其产品或产品最小销售包装和标签上使用含有"有机"或"ORGANIC"等字样的文字表述或图案的权利。

因此，经过有机产品认证的有机产品，是可以向广大消费者表明其有机属性或有机身份的有机产品。只说来源于有机农业生产体系或符合有机产品标准的有机产品，虽然不错，但这种有机产品不具备向广大消费者表明其有机属性或有机身份的功能。

4. 三个有机产品定义的层级关系

有机产品经过有机产品认证的必然符合有机产品标准，而符合有机产品标准的必然直接或间接来源于有机农业。有机产品三个定义的这种层级关系，如图 1-1 所示。

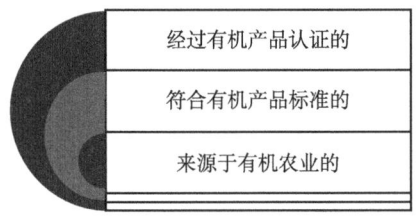

图 1-1　三个有机产品定义的层级关系

二、有机产品认证的因素

有机产品认证的质量和数量取决于制度设计、技术规范、评价活动等三个因素。有机产品认证的制度设计因素涉及认证所应遵循的法规，技术规范即认证依据的标准，评价活动就是在制度设计的框架下，对技术规范的实际应用和具体操作，包括操作的主体、客体、方法和结果等问题。

在三个影响有机产品认证的因素中，制度设计和技术规范是必不可少的。它们是有机产品认证的必要条件,没有制度设计和技术规范,有机产品认证就无从谈起。但是只有制度设计和技术规范而没有评价活动,有机产品认证同样不能实现。评价活动是有机产品认证的充分条件,有了它,有机产品认证才能得以实施,才能实现其服务于有机农业生产实践的目标,完成其在国家标准化工作中所应承担的那部分重要工作。制度设计和技术规范对于有机产品认证都是极其重要的因素,而评价活动则是非常活跃的因素。

有机产品认证的三个影响因素,如图1-2所示。

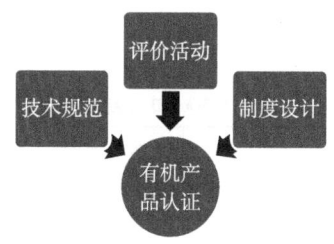

图1-2　有机产品认证的三个影响因素

1. 制度设计:有机产品认证遵循的法规

《有机产品认证管理办法》和《有机产品认证实施规则》两个规范性法律文件结合相关法律法规,对有机产品认证的制度设计做了系统而全面的阐述,明确了有机产品认证的目的、意义和适用范围,规定了有机产品认证各项活动及其管理的基本要求,建立了有机产品认证监管机制,建立了有机产品认证、生产、加工和经营活动中违法法规行为处罚体系等。同时,对有机产品和有机产品认证两个基本概念给出了标准定义:《有机产品认证管理办法》定义有机产品为"生产、加工和销售符合中国有机产品国家标准的供人类消费、动物食用的产品";定义有机产品认证为"认证机构依照本办法的规定,按照有机产品认证实施规则,对相关产品的生产、加工和销售活动符合中国有机产品国家标准进行的合格评定活动"。

《有机产品认证管理办法》是有机产品认证制度设计上的"纲",《有机产品认证实施规则》是"目"。两个文件前后都有不同的版本,表1-1显示了其不同版本发布和实施的时间,以及相邻版本制修订的时间间隔情况。

表1-1 《有机产品认证管理办法》和《有机产品认证实施规则》的版本

文件名称	版本	编号	发布时间	实施时间	间隔时间
有机产品认证管理办法	1	—	2004年11月05日	2005年04月01日	—
	2	—	2013年11月15日	2014年04月01日	9年
有机产品认证实施规则	1	CNCA-OG-001:2005	2005年06月01日	2005年06月01日	—
	2	CNCA-N-009:2011	2011年12月02日	2012年03月01日	近7年
	3	CNCA-N-009:2014	2014年04月23日	2014年04月23日	2年多

《有机产品认证管理办法》两个版本制修订的时间间隔为9年,说明有机产品认证制度设计因素具有相对稳定性。《有机产品认证实施规则》在9年中虽然出了三个不同的版本,但由于其第3版是为配合第2版《有机产品认证管理办法》而对第2版进行的调整,实质内容并无太大变化,所以,也可以说《有机产品认证实施规则》同样具有相对稳定性。

随着我国经济社会的不断发展和有机产品认证各相关方的不断努力以及国际社会有机产品认证事业的不断进步,我国有机产品认证制度设计因素仍将继续地发生改变、调整和完善,以适时而充分地满足国家有机产品生产、贸易和认证的需要。十年左右有一次较大变化,可能是我国有机产品认证制度设计上的常例。

2. 技术规范:有机产品认证依据的标准

有机产品国家标准是我国有机产品认证依据的技术规范。其中,还引用了13个其他国家标准(表1-2)。

表1-2 有机产品国家标准引用标准一览表

序号	引用标准名称	标准号	备注
1	环境空气质量标准	GB3095	最新版本中的二级标准
2	农田灌溉水质标准	GB5084	最新版本
3	生活饮用水卫生标准	GB5749	最新版本
4	保护农作物的大气污染物最高允许浓度	GB9137	最新版本
5	渔业水质标准	GB11607	最新版本
6	土壤环境质量标准	GB15618	最新版本中的二级标准
7	畜禽养殖业污染物排放标准	GB18596	最新版本
8	食用盐卫生标准	GB2721	最新版本
9	食品安全国家标准 食品添加剂使用标准	GB2760	2011年版
10	纺织染整工业污染物排放标准	GB4287	最新版本
11	食品企业通用卫生规范	GB14881	最新版本
12	配合饲料企业卫生规范	GB/T16764	最新版本
13	生态纺织品技术要求	GB/T18885	最新版本

注:此表依据现在使用的有机产品国家标准,即GB/T19630-2011制作

有机产品国家标准有两个版本。第 1 个版本于 2005 年 1 月发布，同年 4 月实施，标准号为 GB/T 19630-2005。第 2 个版本于 2011 年 12 月发布，2012 年 3 月实施，标准号为 GB/T 19630-2011。有机产品国家标准的两个版本制修订时间间隔约 7 年，也比较稳定。

有机产品国家标准两个版本的基本结构没有变化，均由四部分组成。它们是：第一部分，有机产品生产标准；第二部分，有机产品加工标准；第三部分，有机产品标识与销售标准；第四部分，有机产品质量管理体系标准。有机产品国家标准的四个部分虽然共同组成了一个完整的标准有机体，但就不同的认证类型而言，各部分仍有其相对独立性。现将不同认证类型所使用的标准部分列于表 1-3。

表 1-3 不同认证类型使用的标准部分

序号	认证类型	使用的标准部分	
1	生产	第一部分	有机产品生产标准
		第三部分	有机产品标识与销售标准
		第四部分	有机产品质量管理体系标准
2	加工	第二部分	有机产品加工标准
		第三部分	有机产品标识与销售标准
		第四部分	有机产品质量管理体系标准
3	生产并加工	第一部分	有机产品生产标准
		第二部分	有机产品加工标准
		第三部分	有机产品标识与销售标准
		第四部分	有机产品质量管理体系标准

有机产品认证的技术规范因素既然来源于并服务于有机农业生产实践，必然会随着国内外有机农业及其相关产业以及国

际有机产品标准的发展而发展。有机产品生产加工允许使用的物质和材料及其使用条件将会不断更新；新方法和新技术也会引入有机产品生产加工经营体系，体系内原有方法和技术可能面临修改或淘汰；新概念和新思想同样也会引入体系，原有概念和思想则会得到修正或淘汰。

3. 评价活动：有机产品认证的主体、客体、方法、结果

有机产品认证的评价活动因素，包括有机产品认证的主体、客体、方法、结果四个方面的内容。有机产品认证的主体是有机产品认证机构及其认证人员。截止到2014年年底，我国批准设立的具有独立法人资格的有机产品认证机构共有25家，分布于全国10个省（自治区、直辖市）。表1-4列出了国内有机产品认证机构的名称和所在地。

表1-4 国内有机产品认证机构名称和所在地

序号	认证机构名称	所在地
1	中国质量认证中心	北京
2	方圆标志认证集团有限公司	北京
3	湖南欧格有机认证有限公司	湖南
4	广东中鉴认证有限责任公司	广东
5	浙江公信认证有限公司	浙江
6	杭州万泰认证有限公司	浙江
7	北京中安质环认证中心	北京
8	中食恒信（北京）质量认证中心有限公司	北京
9	黑龙江省农产品质量认证中心	黑龙江

续表

序号	认证机构名称	所在地
10	北京中绿华夏有机食品认证中心	北京
11	中环联合（北京）认证中心有限公司	北京
12	杭州中农质量认证中心	浙江
13	北京五洲恒通认证有限公司	北京
14	辽宁方圆有机食品认证有限公司	辽宁
15	吉林省农产品认证中心	吉林
16	辽宁辽环认证中心	辽宁
17	北京五岳华夏管理技术中心	北京
18	新疆生产建设兵团环境保护科学研究所	新疆
19	西北农林科技大学认证中心	陕西
20	南京国环有机产品认证中心	江苏
21	北京东方嘉禾认证有限责任公司	北京
22	北京爱科赛尔认证中心有限公司	北京
23	北京中合金诺认证中心有限公司	北京
24	上海色瑞斯认证有限公司	上海
25	南京英目认证有限公司	江苏

有机产品认证的客体包括农产品及其加工产品、产品生产加工经营过程和有机产品认证委托人三个方面。农产品及其加工产品即通常所说的认证对象或认证产品。产品生产加工经营过程是从有机产品认证的本质——过程的认证、过程的检查——来讲的。无论是认证产品还是产品生产加工经营过程，都离不开认证委托人的活动和管理，所以认证委托人也是有机产品认证客体的有机组成部分。当认证产品和产品生产加工经营过程确定以后，认证委托人的主观能动性发挥程度——加之

于认证机构及其相关认证人员的主观能动性发挥程度——将直接决定有机产品认证的质量和速度。

有机产品认证的方法包括质量管理体系审核、现场检查、产品检验、必要时产地环境检测等项。可分为两种：①"中医"诊断方法，如看一看、听一听、问一问、闻一闻等，在体系审核和现场检查等评价活动中会用到；②仪器分析方法，即测一测，包括产品和产地环境检验检测方法。

一般地，"中医"诊断方法是有机产品认证的主要方法，仪器分析方法是辅助方法。其理由如下：①从有机产品认证的整个过程看，产品检验和产地环境检测并不是时时或处处都用得到的，尤其是产地环境检测更不是年年都要做的。②产品检验虽然年年都要做，但检验项目的确定则主要依赖于以"中医"诊断方法为基础的风险评估结果。诊断不准确，风险评估有偏差，在这样的情况下实施产品检验其意义必然不大，甚至全无。

现场检查是"中医"诊断方法最充分和最直接的应用。在现场检查中，无论是体系审核，还是对生产基地、加工场地和设备、仓储设施设备、运输设施设备、包装场所和设备、销售场地、投入物质等的检查，都离不开"中医"诊断方法。

有机产品认证的结果包括有机转换认证证书、有机产品认证证书、有机产品销售证书和有机产品认证标志即有机产品质量标志，统称为三证一标。一般地，获证委托人首先获得的是有机转换认证证书，其次为有机产品认证证书。只有在获得有机产品认证证书以后，才可以申请办理有机产品销售证书并允许使用有机产品认证标志。

有机转换认证证书、有机产品认证证书和有机产品销售证书等三证在全国尚无完全统一的格式，但其基本格式还是一样的。图1-3、图1-4、图1-5分别是有机转换认证证书、有机产品认证证书和有机产品销售证书的基本格式。

但是有机产品认证标志，在我国却是完全统一的，如图1-6所示。

有机产品认证标志外围圆形形似地球，象征和谐安全，圆形中的字样有中文"中国有机产品"和英文"ORGANIC"两种，表示中国有机产品和世界有机产品同行，同时也有利于国内外消费者识别。标志中间椭圆形表示种子，有生命初萌、生机无限的意思，同时也有有机产品认证是从种子开始的全过程认证的寓意。种子图形周围圆润自如的线条是英文字母"C"的变形，是"中国"英文词的首字母，与种子图形——有机产品英文词的首字母"O"的变形——结合在一起共同表示中国有机产品。两种颜色：绿色表示环保和健康；橘红色代表生命和活力。这个图案大体上反映了有机产品所承载的基本思想和理念，有机产品认证的本质，以及我国有机产品生产、加工和经营的实际。

第一章 有机产品认证的基本问题

证书编号：

有机转换认证证书

认证委托人（证书持有人）名称：
地址：
生产（加工）企业名称：
地址：
有机产品认证的类别：生产/加工（生产类注明植物生产、野生植物采集、畜禽养殖、水产养殖具体类别）
认证依据：GB/T 19630.1 有机产品：生产
GB/T 19630.2 有机产品：加工
GB/T 19630.3 有机产品：标识与销售
GB/T 19630.4 有机产品：管理体系

序号	基地（加工厂）名称	基地（加工厂）地址	基地面积	产品名称	产品描述	生产规模	产量

（可设附件描述，附件与本证书同等效力）

以上产品及其生产（加工）过程符合有机产品认证实施规则的要求，特发此证。
初次发证日期： 年 月 日
本次发证日期： 年 月 日
证书有效期至： 年 月 日
负责人（签字）： （认证机构印章）
认证机构名称：
认证机构地址：
联系电话：
（认证机构标识） （认可标志）

图 1-3 有机转换认证证书的基本格式

证书编号：

有机产品认证证书

认证委托人（证书持有人）名称：
地址：
生产（加工）企业名称：
地址：
有机产品认证的类别：生产/加工（生产类注明植物生产、野生植物采集、畜禽养殖、水产养殖具体类别）
认证依据：GB/T 19630.1 有机产品：生产
　　　　　GB/T 19630.2 有机产品：加工
　　　　　GB/T 19630.3 有机产品：标识与销售
　　　　　GB/T 19630.4 有机产品：管理体系

序号	基地（加工厂）名称	基地（加工厂）地址	基地面积	产品名称	产品描述	生产规模	产量

（可设附件描述，附件与本证书同等效力）

以上产品及其生产（加工）过程符合有机产品认证实施规则的要求，特发此证。
　　初次发证日期：　　年　　月　　日
　　本次发证日期：　　年　　月　　日
　　证书有效期至：　　年　　月　　日
　　负责人（签字）：　　　　　　　　　　　　（认证机构印章）
　　认证机构名称：
　　认证机构地址：
　　联系电话：
　　　　（认证机构标识）　　　　　　（认可标志）

图 1-4　有机产品认证证书的基本格式

第一章 有机产品认证的基本问题

有机产品销售证

编号（TC♯）：

认证证书号：
认证类别：
获证组织名称：
产品名称：
购买单位：
数（重）量：
产品批号：
合同号：
交易日期：
售出单位：

此证书仅对购买单位和获得中国有机产品认证的产品交易有效。

发证日期： 年 月 日
负责人（签字）： （认证机构印章）
认证机构名称：
认证机构地址：
联系电话：

图 1-5 有机产品销售证书的基本格式

图 1-6 中国有机产品认证标志

从评价活动的组成分看，认证人员和认证委托人是最重要的组成分。因为不同的认证人员和认证委托人有着不一样的教育和知识背景、思维和心理习惯、文化知识和专业技能。认证机构的组成、认证产品的选择、产品生产加工经营过程的选择和识别、认证方法的应用、认证结果的形成等都离不开有思想有感情的人，都离不开有思想有感情的人与人之间的有效互动，这种互动决定着评价活动是否顺畅并赋予评价活动以相当的活跃性和某种程度的不确定性。

4. 有机产品认证的数量关系

在一定的制度设计和技术规范下，有机产品认证的速度取决于评价活动的活跃性；当评价活动的活跃性是一定的，制度设计的规格越高，技术规范的要求越严，则有机产品认证的速度便越慢。这种经验关系式子为

$$Y = K \frac{X_3}{X_1 X_2}$$

式中，Y 表示认证速度，X_1 和 X_2 分别表示制度设计规格和技术规范要求的高低，X_3 表示评价活动的活跃性，K 是一个常数，表示认证机构的管理程度，认证机构不同，K 值不同。

三、进出口有机产品的管理

由于不同国家和地区有机产品认证的制度设计、技术规范和评价活动的具体要求不尽相同，便产生了进出口有机产品的管理问题。

在我国，进口有机产品的管理按照我国的要求进行，可分

为以下两种情况。

第一，当进口国家或地区有机产品认证体系与我国有机产品认证体系等效且其有机产品主管机构与国家认监委签署了相关备忘录时，进口有机产品的管理按照相关备忘录的要求管理。

第二，当进口国家或地区有机产品认证体系与我国有机产品认证体系不具有等效性且其有机产品主管机构未与国家认监委签署相关备忘录时，进口有机产品的管理完全按照我国有机产品认证要求管理，包括进口有机产品认证委托人向我国有机产品认证机构提出有机产品认证委托、我国有机产品认证机构按照我国有机产品认证要求实施认证并出具认证结果文件等。

出口有机产品的管理按照进口国家或地区的要求进行。

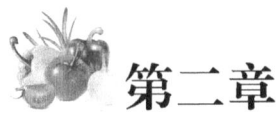

第二章

认 证 程 序

有机产品认证程序可分为三个阶段,即申请和受理阶段、现场检查阶段和认证决定阶段。其中,每个认证阶段又可分为若干个阶段。

一、申请和受理

1. 认证机构信息公开

有机产品认证机构一经成立就该建立和维护自己的网站,以向社会公众公开其联系方式和认证管理的信息,并为认证委托人提供下载有关认证文件表格的途径。认证机构人员可通过其他方式对其网站所公开的信息进行正确宣贯。

认证机构面向社会公众公开的信息,包括但不限于以下内容:

(1) 认证机构的简介和历史演变;

(2) 认证机构及其分支机构所在地和联系方式;

(3) 认证机构的质量方针和目标;

（4）认证机构的现任领导以及各职能部门权责和人员；

（5）国家认监委批准的认证范围及有效期和中国合格评定国家认可委员会（CNAS）认可的认证范围及有效期；

（6）有机产品认证相关法规和标准；

（7）有机产品认证目录；

（8）认证机构公开性文件，包括认证程序，申投诉处理程序，认证证书批准、变更、暂停、恢复、撤销和注销程序等；

（9）认证机构对获证委托人正确使用三证一标和认证机构名称或图案的要求以及正确宣传有机产品及其生产加工经营过程的要求；

（10）认证费用组成和收取标准；

（11）认证机构认证活动和社会服务情况。

2. 认证委托人获取信息并决定欲委托哪个认证机构认证

有机产品认证委托人可通过浏览网页或其他方式了解不同认证机构方方面面的情况并从中决定欲委托认证的认证机构。最终选择哪一家认证机构来对自己的产品进行有机产品认证，全凭认证委托人自愿，别人无权干涉。

对于获证委托人，尽管在其进行再认证时可以不向前次委托认证的认证机构而向新的认证机构提出认证委托，但是这种做法有欠考虑，不值得提倡。因为这不但会增加转机构程序，而且还会由于不同认证机构具体认证要求和评价活动不尽相同之故而给认证委托人造成不必要的负担和难题。因此，认证委托人从一开始就应权衡各方面的利弊，慎重选择认证机构。

3. 认证委托人获取所选认证机构的有关文件表格提出认证申请

有机产品认证委托人一旦选定认证机构后便可通过适当途径获取有关文件表格以供认证申请用。为方便认证委托人的认证申请和认证人员的评价活动，认证机构一般都会把认证申请所需的大部分材料设计并编制成有固定格式的表格，即通常所说的有机产品认证申请表和调查表，要求认证委托人以定性或定量描述的方法或者答卷式的方法逐项填写。

有机产品认证申请表和调查表通常包括以下内容：

（1）认证委托人的名称、地址和联系方式；

（2）生产单元（具有一定产地区域范围和一个与之匹配的质量管理体系的生产体系）或加工场地的历史和现状；

（3）生产基地（产地）区域范围，包括其地理位置、地块分布、缓冲带、邻近地块使用情况、周边生态与环境、潜在污染源等；

（4）加工场地区域范围，包括其地理位置、厂区和设备布局、加工工艺、废弃物排放、周边生态与环境、潜在污染源等；

（5）本年度和过去三年间生产或加工情况，包括植物生产中病虫草害防治、土肥管理、投入物质使用、收获等农事活动，食用菌栽培中杂菌防治、栽培方法、投入物质使用、收获等操作情况，野生植物采集中采集区管理和采收情况，动物生产中动物疾病防治、饲料和饲养方法、投入物质使用、动物屠宰等情况，产品加工中有害生物防治、加工方法、投入物质使用、配料比等情况，以及生产加工后续环节如包装、储藏和运输情况；

（6）本年度申请认证的产品范围、名称、生产面积或规模、产量或数量、加工量等；

（7）同一个生产单元内非申请认证产品和非有机产品的生产加工情况；

（8）申请或获得产品认证或管理体系认证的情况；

（9）产品销售情况，包括销售量、销售额和主要销售市场等；

（10）认证委托人承诺守法诚信、接受监管、执行标准、保证所提供的材料真实、实行销售证书管理制度的声明；

（11）有机产品质量管理体系文件的内容和修订情况；

（12）前次现场检查发现的不符合项整改情况。

有的认证机构为进一步方便认证委托人和认证人员而将有机产品认证调查表按照认证类型细化成一系列表格，如植物生产调查表、野生植物采集调查表、食用菌栽培调查表、畜禽养殖调查表、水产品生产调查表、产品加工调查表等。认证委托人按需填写其中一个或数个表格即可。

认证委托人把认证申请表和调查表填好后，就可以把申请表和调查表连同其他认证申请材料以书面方式提交给选定认证机构以提出认证申请。

所谓其他认证申请材料，主要是指以下三方面的材料。

（1）认证委托人的合法经营资质证明文件的复印件。合法经营资质证明文件包括营业执照副本，组织机构代码证，土地使用权证明，与小农户签订的有机产品生产协议，工业产品生产许可证（QS证），采集许可证，屠宰许可证，水域使用证明，加工、经营、仓储场地场所及设施设备的租赁合同、食品流通许可证、林权证、养殖场排污达标证明、食品加工厂卫生达标证明等。认证委托人视认证范围和其他本单位实际从中选择若干项加以复印提交。

（2）由具有法定资质的检测机构出具的产地环境质量检测报告或县级以上环境保护部门出具的用以证明产地环境质量状况符合有机产品国家标准相关要求的检测结论及其支撑性材料。

（3）装订成册的质量管理体系文件，包括质量管理手册、操作规程或作业指导书、记录系统，以及有关图件（生产单元或加工、经营等场地场所的位置图）。

当申请认证的产品系多年生植物且不能同时对一个生产单元的各部分全部实施认证时，认证委托人除提供以上认证申请材料外，还需提供该生产单元未认证部分的有机转换计划，确定其有机转换的步骤和时间，以按规定时间——最长不超过5年——最终实现整个生产单元各部分都能获得认证。

当申请认证的产品系一年生植物时，由于不允许一个生产单元逐步实现认证的情况发生，所以此种产品的认证委托人无需准备有机转换计划。

至此，认证申请和受理阶段中的申请阶段就可告一段落。接下来，认证委托人需要等候认证机构的受理决定。

4. 认证机构对认证委托人提交的申请材料进行审查并作出受理决定

认证机构收到认证委托人提交的认证申请材料后会委托认证人员对认证申请材料进行审查。为顺利开展下一个认证阶段工作即现场检查，认证机构通常会安排预备对该认证委托人实施现场检查的认证检查员负责审查认证申请材料。

认证申请材料审查内容主要有以下六点：

（1）认证委托人提交的认证申请材料是否齐全；

（2）认证委托人委托认证的产品是否在有机产品认证目录内；

（3）认证委托人提交的产地环境质量检测报告或其他证明性材料是否合法有效并符合要求；

（4）认证委托人运行其质量管理体系的时间是否达到规定时间——自质量管理体系开始并保持运行至提交认证申请材料的时间不得少于3个月；

（5）认证委托人和认证机构对认证要求是否存在理解上的差异，如有，则需要沟通以求解决；

（6）对于认证委托人认证申请的认证范围（包括产品范围和产地范围）、认证委托人的工作场所或者认证委托人提出的任何特殊要求——如不允许外部人员查看配料比、不允许外部人员查看销售记录或票据、不允许外部人员进入生产加工经营的某个区域等被认证委托人视为保守其高度商业机密或保持区域无菌状态的措施，认证机构是否有能力提供认证服务。

在认证申请材料审查基础上，认证机构会结合自身能力及时作出是否受理认证申请的决定并以书面方式告知认证委托人。对于不予受理的认证申请，认证机构也会告知不予受理的原因。

认证机构对认证委托人认证申请材料的审查，不但是认证机构作出受理决定的依据，而且也是认证机构和认证委托人接下来签订认证合同的基础。由于这个缘故，认证申请材料的审查，通常称为合同评审。

5. 认证委托人和认证机构签订认证合同

认证委托人收到认证申请受理通知后需要和认证机构签订认证合同。认证合同将以条款形式明确规定双方的权利和义务、违约责任、争议处理等事项，涉及认证和再认证、三证一标的管理和使用、认证监督和管理、认证收费等内容。

认证合同的签订既是认证申请和受理阶段的结束，又是认证现场检查的开始。

二、现场检查

认证现场检查可以分为三个时期，即检查前准备时期、现场检查时期以及检查后材料整理和提交时期。现场检查时期通常以首次会议开始，以末次会议结束。

1. 认证机构成立检查组并获得认证委托人确认

认证机构和认证委托人签订认证合同后便会根据认证委托

人委托认证的产品范围、产地范围、认证类型、生产单元经营方式、风险大小、距离远近等因素组织一至数名具有相应产品范围注册资质和认证能力的检查员形成认证现场检查组,并委派一名具有相应产品范围注册资质的专职认证检查员担任组长,以准备实施现场检查。

认证机构在组织成立检查组时,为保证现场检查客观、公正,对于同一个认证委托人的同一个生产单元不会连续三年或三年以上委派同一名检查员实施现场检查。

现场检查组一旦成立,认证机构便会通知认证委托人并获得其书面确认。认证委托人可以就检查组的组成和成员提出异议并和认证机构进行充分沟通以达成共识。但在任何情况下,认证委托人都不得指定检查组成员。

2. 认证机构给检查组下达检查任务

认证现场检查组确定后,认证机构通常以检查任务书的形式下达检查任务给检查组。检查组接到检查任务书后应仔细阅读。检查任务书通常包括检查组组成成员,认证委托人地址和联系方式,检查目的和要求,检查依据、认证类型和范围,检查时间和人日数、产地和产品抽样检测检验等信息。

人日数是检查组中认证检查员数目和现场检查所需天数的乘积。其中,每一位检查员每天工作的时间不得少于8小时。随着有机产品认证事业的发展,有越来越多的认证人员加入到认证检查员队伍中来,但是在计算人日数时,那些在过去经过依法成立的认证培训机构培训合格或在现在通过国家有机产品认证检查员统一考试而尚未获得正式注册的认证人员即见习检查员则不计入。

3. 认证机构向检查组提供申请和受理阶段所有的认证材料和记录

认证机构向检查组下达检查任务的同时会提供申请和受理阶段所有的认证材料和记录，包括认证委托人提交的认证申请表和调查表以及其他认证材料，也会提供申请和受理阶段认证机构所做的全部记录。对于再认证委托人，认证机构还会向检查组开放该认证委托人往年提交的认证材料和认证机构形成的所有认证记录以备查。

检查组接到认证机构提供的认证材料和记录后将在检查任务书和记录的基础上对认证材料进行深入的审查并形成记录。这项评价活动，通常称为文件评审。

文件评审和合同评审的审查对象基本相同，即都是认证委托人提交的认证材料，但是这两个评价活动各有其特点，不能混淆。它们的不同之处主要有以下几点：

（1）评价主体不同。文件评审必须由检查组完成；合同评审则不一定。

（2）评价时间不同。合同评审在先，文件评审居后；前者是申请和受理阶段的一个时期，而后者则是现场检查阶段的一个准备时期。

（3）由于第二点，文件评审所拥有的信息量比之于合同评审要大得多。

(4) 评价目的不同。合同评审是为认证机构作出是否受理认证委托人的认证委托以及随后签订认证合同而提供的基础性的评价活动；文件评审是在认证委托人的认证委托受理后为顺利实施现场检查而做的准备性的评价活动。

(5) 由于第四点，在评价内容上侧重点不同。合同评审比较关注认证申请材料是否齐全、有效和是否符合认证申请要求，以及认证机构是否有能力开展认证服务的问题；文件评审更为关注申请认证的产品生产加工经营的具体过程和场地场所，更为关注申请认证的产品生产加工经营管理体系文件的"三性"，即符合性、适宜性和有效性。

良好的文件评审可使检查组对认证委托人的认证委托形成一个比较清晰的认识，明确哪些事项需要在现场着重检查，哪些问题需要在现场核实，哪些风险需要在现场评估。通常，文件评审做得越细致，现场检查就越顺利。实际上，有经验的认证检查员经过文件评审会对认证委托人的认证委托及其结果形成一个预判，现场检查将助其接受、修正、补充或者抛弃预判。这个过程类似于科学研究：先提出假设，然后用实验去证实假设。

4. 检查组编制现场检查计划书并征得认证机构和认证委托人同意

认证现场检查组在文件评审基础上以书面形式编制现场检查计划书，明确现场检查的范围、区域、具体时间安排等事项。为方便检查组制订现场检查计划书，认证机构通常都有固定格式的现场检查计划书以供使用，检查组只需填写好其中所涉及的事项即可。

认证现场检查组编制好现场检查计划书后需要提交给认证机构审核批准，审核批准后的现场检查计划书需要告知认证委托人并获得其确认。确认时间可以安排在检查组到达现场之前，也可以安排在到达之后。在后一种情况下，确认通常是在现场检查时期的首次会议上完成的。

至此，现场检查准备时期便结束。接下来，检查组将携带必要的认证材料和记录、相关法规标准、可能用到的器具、个人用品、文具等，按时抵达现场开展工作。

5. 检查组和认证委托人管理层举行首次会议

认证现场检查组在现场检查时期要做的第一件事通常是和认证委托人管理层举行首次会议。检查组全体成员和认证委托人有关管理人员都应出席首次会议。内部检查员作为认证委托人正式任命的负有配合认证机构现场检查职责的管理人员则必须出席首次会议。

在首次会议上，检查组和认证委托人会对双方出席会议的人员做一介绍，明确检查目的和要求、检查区域和范围、相关法规和标准、具体日程安排、检查所需交通工具安排、认证委托人陪同人员安排等事项。现场检查的具体日程安排可能会因为这样那样的原因而有所调整，检查组应灵活掌握。

检查组在首次会议上也会就其公正性、客观性和保密义务作出书面承诺，并告知认证委托人对其违法违规行为进行申诉、投诉或举报的途径。

在首次会议上,检查组和认证委托人也可就双方共同关心的其他问题发表意见,这视开会时间的长短而定。一般地,首次会议的时间不宜太长,用半小时左右的时间足以完成召开首次会议的任务。

6. 认证委托人有关人员陪同检查组检查审核

认证委托人陪同人员要自始至终在场,帮助检查组展开工作。在检查组实地查看、调阅文件档案、有疑问或提出质疑、产品抽样或必要时产地环境抽样等事项上,认证委托人陪同人员负有引导、配合、解惑答疑、协助和协调的职责。当认证委托人生产单元经营方式涉及多个小农户时,特别需要陪同人员协助和协调。

检查组在现场检查审核过程中会问到各种各样的问题。例如:田间地头上的农药瓶或农药袋是怎么一回事?杀虫灯能正常使用吗?黄板数量是如何控制的?园子里的那一片杂草为什么变枯变黄了?农家肥的堆制场地是不是距离申请认证的作物太近?园子里套种的那些蔬菜是怎样管理的?有没有记录?牛犊、青年牛和产奶牛的比例如何?奶牛是如何补钙的?病畜病禽隔离和处置室怎么没有看见?选择屠宰厂为什么舍近求远?待宰畜禽是如何运输的?常规兽药使用记录上的药品为什么不在兽药保管室药品名录内?如何保证加工设备上不生霉菌?挡鼠板足够高吗?不加明矾凝固,那用什么方法可以起到它的作用?直接接触加工产品的员工都有健康证吗?库房里有机产品和常规产品是否分区储藏？为什么不见任何警示标志？计量器具何时或何人校验？这种包装是否太过奢华？为什么转换期产品不能贴标？门市部为什么不见认证证书的复印件？某先生不是内部检查员，何以成为内部检查组成员？农家肥堆制的原料来自何处？为什么没有购买票据？如何辨识生产基地？当地生产水平如何？农资又是怎样管理的？当地民风如何？有什么特殊习俗或禁忌吗？等等。

这些问题都与认证和认证结果有着直接或间接的关系。陪同人员不应回避，要如实回答或者给予合理或合规的解释。对于自己不能回答或解释的问题，可以请来有关生产和管理一线人员帮助解答。

检查组会记下认证委托人陪同人员和其他管理人员或一线生产人员的访谈结果。访谈记录连同关键控制点上的检查结果记录共同形成现场检查记录，这是检查组总结现场检查情况和撰写现场检查报告的基础。

为支撑现场检查结果和结论，检查组通常要求复印一些文档和票据，有时也会对一些场地场所和设施设备拍照。认证委托人陪同人员和其他人员应予协助和配合，不得无故推辞和阻拦。

7. 检查组和认证委托人管理层举行末次会议

检查组和认证委托人管理层举行末次会议，通常是现场检查时期要做的最后一件事，参会人员要求同首次会议。

末次会议的主要任务是：检查组介绍现场检查结果和结论并声明现场检查结论只是建议性的或推荐性的结论，不代表认证机构在认证决定阶段做出的最终认证结论；认证委托人对检查组在现场检查中提出的问题和其他问题做进一步解释或补充说明；检查组以书面形式开具现场检查发现的不符合项并给出完成不符合项整改时间和验证方式；认证委托人要清楚明白地了解检查组开具的不符合项具体内容及其依据并对不符合项加以确认。

在末次会议上，检查组会出示一些认证文件和表格要求认证委托人签字盖章，点校现场检查所收集的证明性材料和抽样样品时也会有疏漏，需要补充，在这种情况下，认证委托人应给予积极的协助和配合。如果时间充裕的话，双方还可就更为广泛的话题如有机产品供应链各环节的建设与协调以及区域有机产业发展前景进行讨论。

在末次会议上，检查组还会和认证委托人交换彼此快捷、有效的联系方式，以便及时沟通交流，以及索取相关资料和信息。

8. 检查组撰写检查报告并获得认证委托人确认

认证现场检查组自现场归来以后会及时整理现场收集到的认证材料，计算现场检查结果数据，结合现场检查前所掌握的信息，开始撰写现场检查报告，这是检查后材料整理和提交时期的开始。

在现场检查报告的撰写、修改和定稿过程中，检查组可能还会向认证委托人再次核实某些已获得的信息以及索取新信息或更多认证材料的复印件，也可能在某些问题上需要和认证委托人进一步沟通和交流。认证委托人应利用已建立的联系渠道及时满足检查组的要求，以便检查组顺利完成现场检查报告。

检查组现场检查报告很重要。因为检查报告既是现场检查结果的概括和总结，更是认证机构作出认证决定的主要依据。为使检查组撰写检查报告时不缺项以及不完全失去其个性，认证机构通常都备有较为固定的报告格式供参考。报告内容除检查组、认证委托人和认证委托人委托认证的基本信息外，主要包括检查组对认证委托人委托认证的产品对有机产品国家标准相关条款要求符合性的详细描述，现场检查发现的不符合项描述，产品和产地环境检验检测和检验检测结果的描述，检查组对认证产品生产加工经营过程中的风险评估，必要时对往年不符合项整改情况的说明，现场检查结论等。检查组可以在此基础上添加其他任何相关信息和资料。

现场检查报告完成后需要认证委托人签字盖章以示确认。报告确认时间可以安排在现场检查时期以后，也可以安排在现场检查时期的末次会议上。在后一种情况下，检查组就要在召开末次会议之前形成检查报告的初稿并在会议期间将其主要内容告知认证委托人。

9. 检查组向认证机构提交包括检查报告在内的所有认证材料和记录

这是检查组在检查后材料整理和提交时期要做的最后一件事。首先，检查组应根据认证机构的要求和本次现场检查的实际详细拟定一个认证材料和记录提交清单。

认证材料和记录提交清单的项目，不外乎申请和受理阶段的认证材料和记录以及现场检查阶段的认证材料和记录两个方面。具体细目包括：

(1) 认证申请表和调查表；

(2) 认证委托人合法经营资质证明文件；

(3) 必要时产地环境质量检测报告或其他证明性文件；

(4) 认证委托人质量管理体系文件最新版本；

(5) 认证委托人委托认证的产品生产加工经营场地场所和设施设备的图件；

(6) 必要时有机转换计划；

(7) 合同评审记录；

(8) 认证受理通知书；

(9) 检查组成员确认书；

(10) 检查任务书；

(11) 文件评审记录；

(12) 检查计划书；

(13) 产品抽样方案和抽样单以及检验报告；

(14) 首次会议签到表和记录；

(15) 现场检查审核记录；

(16) 现场检查时期及其以后所收集的文字或相片资料和信息；

(17) 末次会议签到表和记录；

(18) 现场检查发现的不符合项及其整改情况的报告；

(19) 现场检查报告。

检查组拟定好提交清单后，就可以对照清单逐一检视手头上所有的认证材料和记录。为方便下一阶段评价活动和今后归档保存，检查组也可以将认证材料和记录略事整理装订成若干册，然后一并提交给认证机构。

检查组完成认证材料和记录提交后，现场检查阶段就此告一段落。接下来，认证委托人的认证委托将进入认证程序的最后一个阶段：认证决定阶段。

三、认证决定

1. 对于检查组提交的认证材料和记录，认证机构委托其他认证人员复核

对于检查组提交的所有认证材料和记录，认证机构会委托一至数名其他认证人员进行复核或综合评审。复核人员将就认证材料和记录是否完整有效、认证委托人委托认证的产品生产加工经营过程和质量管理体系是否符合认证要求和认证委托人实际、产品和产地环境质量检验检测报告或其他证明性文件是否合法有效、评价活动是否符合认证程序要求等问题进行全面复核。

复核人员在复核过程中，可能会对某些认证材料和记录提出质疑，也会对检查组提出补充完善认证材料和记录的要求。检查组对此应给予合理合规的解释说明，认证材料和记录不合要求的，应及时补充和完善。此时，检查组可能需要再次使用在现场检查时期末次会议上和认证委托人建立的联系渠道。

复核人员复核后给出复核意见。认证机构通常为复核人员备有固定格式的复核记录表,复核人员只需逐项填写即可。复核人员填写的复核记录表构成认证机构认证记录的一部分,需要归档保存。

2. 认证机构和有关认证人员作出认证结论

在认证材料和记录复核基础上,认证机构通常组织有关认证人员召开颁证会议,决定是否批准认证委托人委托的认证。

认证委托人的生产加工经营活动和质量管理体系符合认证要求,认证机构和有关认证人员作出批准认证的结论;否则,不予批准认证。

不予批准认证的原因多种多样,主要涉及诚信、管理、禁用物质、产品、质量、安全、产地环境等因素。具体情况可列举如下:

(1) 认证委托人提供虚假信息不诚信;

(2) 认证委托人未建立质量管理体系或质量管理体系未有效实施;

(3) 认证委托人未在规定时间内关闭不符合项或不符合项整改措施未满足认证要求;

(4) 认证委托人委托认证的产品生产加工过程使用了禁用物质或受到禁用物质污染;

(5) 认证委托人委托认证的产品检测出禁用物质;

(6) 认证委托人委托认证的产品质量不符合国家相关法律法规或技术标准强制要求;

(7) 认证委托人一年内出现重大产品质量安全问题或因产

品质量安全问题被撤销有机产品认证证书或有机转换认证证书；

（8）认证委托人存在在认证现场检查场地场所外进行再次加工、分装、分割的情况；

（9）认证委托人委托认证的产品其产地环境经检测机构检测证明受到污染；

（10）存在其他不符合认证要求且无法纠正的情况。

除此之外，认证委托人委托认证的产品生产加工过程由于当前技术原因而存在巨大风险，认证委托人质量管理体系不够稳定，当地农兽药使用、环境保护和区域性社会质量诚信状况不佳等因素，也会影响认证机构和有关认证人员作出不予批准认证的决定。

对于批准认证的，认证机构会向认证委托人出具有机转换认证证书或有机产品认证证书。获得有机产品认证证书的，可以向认证机构申请办理有机产品销售证书，也可以向认证机构购买有机产品认证标志加以使用。

对于不予批准认证的，认证机构将以书面形式告知认证委托人并说明不予批准认证的具体原因。

3. 认证委托人对认证结论持有异议时可以申诉

认证委托人对认证结论有异议，可以向认证机构提出申诉。认证机构将启动申投诉处理程序对认证委托人的申诉进行处理并将处理结果以书面形式告知认证委托人。

认证委托人对认证机构的处理结果仍有异议，可以向国家认监委申诉。

四、认证程序流程

为保证认证质量以及评价活动的客观性和公正性,维护认证委托人、其客户和广大消费者的合法权益,认证程序不能增减,不能省略,不能遗漏,且除再认证合同评审和文件评审外,也不能简化。

图 2-1 显示了从认证申请和受理阶段到认证决定阶段的认证程序流程。

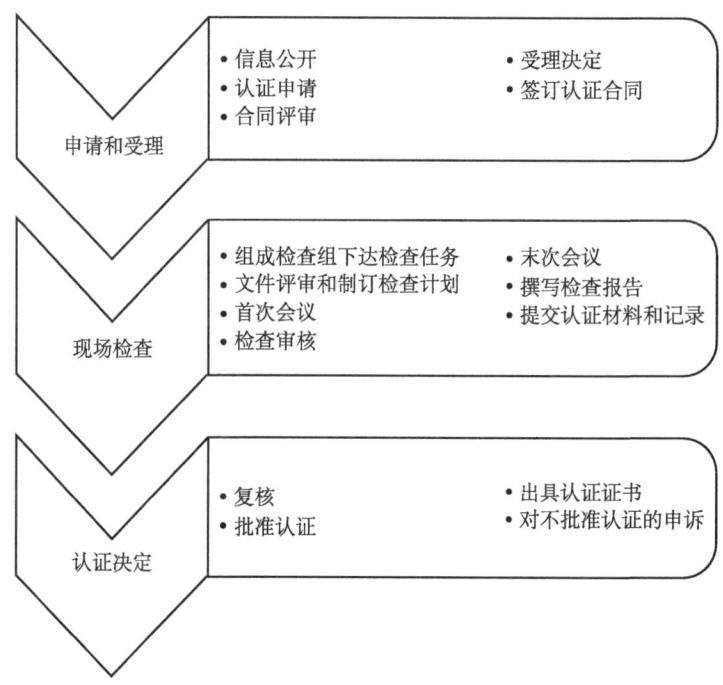

图 2-1 从认证申请和受理阶段到认证决定阶段的认证程序流程图

41

第三章

认证机构对认证委托人的认证处罚

认证机构对认证委托人的认证处罚可发生在不同时期,包括不予受理的处罚、现场检查发现的不符合项、认证后的处罚三种情况。

一、不予受理的处罚

不予受理的处罚是针对获证委托人的处罚,发生在认证申请和受理阶段。有两种情况,在不同情况下,处罚力度是不一样的。

第一种情况,获证委托人若出现被认证机构撤销认证证书的情况,则自撤销之日起1年内任何认证机构都不得受理其认证委托。

第二种情况,获证委托人若出现提供虚假信息、违规使用禁用物质、超范围使用认证标志、发生产品质量安全重大事故等问题,则一经发现,自发现之日起5年内任何认证机构都不得受理其认证委托。

二、现场检查发现的不符合项

检查组在现场检查审核中发现和开具的不符合项是一种告诫性的认证处罚。内容涉及认证要求的诸多方面;也有程度上的分别,如一般不符合项、严重不符合项等,适用于包括获证委托人在内的所有认证委托人。

检查组可以就认证委托人在其认证产品范围和产地范围内的任何一个与有机产品生产加工经营和管理有关的事件(活动和活动结果),未满足或偏离认证依据的法规、标准或合同要求,开具不符合项——只要事实清楚、证据充分;同样的,检查组也可以就认证委托人是否按照其管理体系文件如管理手册和操作规程的规定和要求去做、做的效果如何等问题,开具不符合项。

因此,不符合项可以是多方面的,例如,管理体系文件方面的;生产加工经营过程方面的;生产加工经营和管理记录及其保存方面的;设施设备及其维护方面的;生产基地及其环境方面的;人员知识、能力和培训方面的;产品和产品标识方面的;客户、消费者满意度或申投诉方面的;员工福利和劳动保护方面的;等等。

不符合事件的性质决定了不符合事件的严重程度。当不符合事件是孤立的、偶然的、轻微偏离了要求的、可能或已经造成的后果并不严重的个案，这就是一般不符合项；相反，就是严重不符合项，如管理体系对有机产品国家标准要求大加删减或缺项、生产加工经营过程或区域（或某一过程或区域）不能确保产品的质量或有机属性并有可能或已经造成严重后果等。

除不符合项外，有的检查组还会开具一至数个观察项。所谓观察项，是指那些因为证据不够充分而不足以确定是否构成不符合项的、但有可能会造成不良后果的事件。例如，在内部检查计划中，没有考虑前次内部检查的结果。观察项通常带有建议性质，值得认证委托人思考，然后采取一定的措施加以改进和完善。

不符合项报告通常有固定格式。其内容主要包括：不符合项发生的区域或部门；对不符合项的清晰、准确的描述；开具不符合项所依据的规定和要求的具体条款；不符合项整改完毕的具体时限；对不符合项整改情况的验证方式；等等。

三、认证后的处罚

认证委托人获得认证后还可能受到包括暂停、撤销和注销认证证书三种情况的认证处罚。其中，暂停的认证证书尚可恢复——只要获证委托人能够及时消除引起暂停的原因；而认证证书一旦被撤销或注销，则不能以任何理由恢复。

在受到认证证书撤销或注销的处罚后，认证委托人若要继续认证，则必须重新开始，其生产基地必须重新转换，在认证费用上也不能享受保持认证的优惠。同时，还可能面临不予受理的结果。

1. 认证证书的暂停

认证机构暂停获证委托人认证证书的条件，主要包括以下两种情况：

（1）获证委托人未按照认证要求使用认证证书或认证标志；

（2）获证委托人委托认证的产品生产加工经营活动或其质量管理体系不符合认证要求，且经认证机构评估在认证证书暂停期限内能够采取有效纠正或纠正措施。

认证证书暂停期限为1～3个月。

在认证证书暂停期内，认证机构会通知并监督获证委托人停止使用认证证书和认证标志，封存带有认证标志的相应批次产品。

暂停的认证证书，可以恢复。恢复认证证书的条件是：已消除引起暂停的原因，且认证证书暂停期满。

2. 认证证书的撤销

认证机构撤销获证委托人认证证书的条件，主要包括以下十一种情况：

（1）获证委托人委托认证的产品质量不符合国家相关法规或技术标准强制要求；

（2）获证委托人委托认证的产品检出禁用物质；

(3) 获证委托人委托认证的产品生产加工过程使用了禁用物质或受到禁用物质污染；

(4) 获证委托人虚报、瞒报获证所需信息；

(5) 获证委托人超范围使用认证标志；

(6) 获证委托人委托认证的产品其产地环境质量不符合认证要求；

(7) 获证委托人委托认证的产品生产加工经营活动或质量管理体系不符合认证要求，且在认证证书暂停期内未采取有效纠正或纠正措施；

(8) 获证委托人在认证证书标明的生产加工场地场所外进行再次加工、分装、分割活动；

(9) 获证委托人对相关方重大投诉且确有问题未能采取有效处理措施；

(10) 获证委托人从事有机产品认证活动因违反国家农产品、食品安全管理相关法律法规而受到相关行政处罚；

(11) 获证委托人拒不接受认证机构或认证监管部门对其实施监督。

获证委托人在认证证书撤销后应将撤销的认证证书和未使用的认证标志交回认证机构，或者在认证机构的监督下销毁剩余认证标志和带有认证标志的产品包装，必要时还应召回相应批次带有认证标志的产品。

3. 认证证书的注销

认证机构注销认证证书的条件主要有以下三种情况，其中，第三种情况可视为获证委托人自我处罚。

(1) 认证证书有效期届满,获证委托人未申请延续使用;

(2) 获证委托人委托认证的产品不再生产;

(3) 获证委托人申请注销。

获证委托人在认证证书注销后对注销的认证证书、未使用的认证标志、带有认证标志的产品包装、相应批次带有认证标志的产品等的处置同认证证书撤销。

认证机构有责任和义务采取有效措施避免各类无效的认证证书和认证标志被继续使用。对于无法收回的认证证书和标志,认证机构应当及时在相关媒体和网站上公布注销或撤销认证证书的决定,声明认证证书及标志作废。

第四章

认证委托人须知

一、论证规划,做好准备

认证委托人从一开始就要对申请认证的项目进行周密的论证规划,并以此为基础做好认证申请前的一切准备工作。大体上说来,包括九个问题:确定申请认证的产品范围;确定申请认证产品的生产基地、加工场地和经营场所并绘制成图;委托检测产地环境质量并保留检测结果数据;选好有机生产加工经营的管理者和内部检查员;检查投入品是否在有机产品生产加工允许使用的物质表内;编制管理体系文件并决定管理体系开始运行的时间;做好并保存管理体系运行以来生产加工经营活动和管理记录;检查生产加工经营的资质证明文件是否合法有效;选定认证机构并认真填写其编制的认证申请表和调查表等。不论证,不规划,准备又不够,只凭一时的政治、经济或心理上的需要而仓促上马,这样的项目不会持久,也做不好。

1. 确定申请认证的产品范围

确定申请认证的产品范围,不但需要了解有机产品认证目录的内容和意义，而且需要考虑申请认证产品的市场前景、国家和地方相关产业政策、认证成本和收益诸因素，更需要考虑申请认证产品的生产加工过程和关键技术对有机产品国家标准的符合程度以及为达标而进行技术改进的可能性。

有机产品认证目录的发布（国家认监委2012年第2号公告）是我国有机产品认证发展史上的一件大事，也是有机产品认证制度设计上的重要举措。从此便结束了有机产品认证无认证目录的缺陷，结束了认证机构随意认证和认证委托人随意委托认证的乱象，消除了一些广为流传的争议和疑问，如矿泉水能不能认证？烟草为什么不能认证？同时对生产加工过程和关键技术目前尚难满足有机产品国家标准的产品如枸杞和蜂蜜从国家层面上加以限制，从而实现了从认证源头加强监管的目标。总之，认证目录的发布开启了认证机构有法可依、认证委托人有理可据的新阶段。

有机产品认证目录首先将可认证产品分为生产产品和加工产品两个部分，这与有机产品国家标准之生产部分和加工部分完全对应。然后，它按照逐级分类原则而将各部分可认证产品分为一至多个大类、中类、小类、小类覆盖产品范围，这样便构成一个有根有分枝的类似于生物分类学上的树状图。其中，小类是可认证产品分类系统中的基本分类单元，它们都有统一的序号。表4-1是可认证产品分类系统中的大类、中类、小类统一序号和名称一览表。

表 4-1 可认证产品大类、中类、小类统一序号和名称一览表

大类	中类	小类统一序号和名称
植物类	谷物	1. 小麦；2. 玉米；3. 水稻；4. 谷子；5. 高粱；6. 大麦；7. 燕麦；8. 杂粮
	蔬菜	9. 薯芋类；10. 豆类蔬菜；11. 瓜类蔬菜；12. 白菜类蔬菜；13. 绿叶蔬菜；14. 新鲜根菜类蔬菜；15. 新鲜甘蓝类蔬菜；16. 新鲜芥菜类蔬菜；17. 新鲜茄果类蔬菜；18. 新鲜葱蒜类蔬菜；19. 新鲜多年生蔬菜；20. 新鲜水生类蔬菜；21. 新鲜芽苗类蔬菜；22. 食用菌类
	水果与坚果	23. 柑橘类；24. 甜橙类；25. 柚类；26. 柠檬类；27. 葡萄类；28. 瓜类；29. 苹果；30. 梨；31. 桃；32. 枣；33. 杏；34. 其他水果；35. 核桃；36. 板栗；37. 其他坚果
	豆类与其他油料作物	38. 大豆；39. 其他油料作物
	花卉	40. 花卉
	香辛料作物产品	41. 香辛料作物产品
	制糖植物	42. 制糖植物
	其他类植物	43. 青饲料植物；44. 纺织用的植物原料；45. 调香的植物；46. 野生采集的植物；47. 茶
	种子与繁殖材料	48. 种子与繁殖材料（仅限本目录列出的植物类种子及繁殖材料）
	植物类中药	49. 植物类中药
畜禽类	活体动物	50. 肉牛（头）；51. 奶牛（头）；52. 乳肉兼用牛（头）；53. 绵羊（头）；54. 山羊（头）；55. 马（头）；56. 驴（头）；57. 猪（头）；58. 鸡（只）；59. 鸭（只）；60. 鹅（只）；61. 其他动物（头/只）
	动物产品或副产品	62. 牛乳；63. 羊乳；64. 马乳；65. 其他动物产品；66. 鸡蛋（枚）；67. 鸭蛋（枚）；68. 其他禽蛋（枚）；69. 动物副产品
水产类	鲜活鱼	70. 海水鱼（尾）；71. 淡水鱼（尾）
	甲壳与无脊椎动物	72. 虾类（吨）；73. 蟹类（只）；74. 无脊椎动物
	水生脊椎动物	75. 鳖（只）
	水生植物	76. 海藻和海草类

第四章 认证委托人须知

续表

大类	中类	小类统一序号和名称
加工类	肉制品及副产品加工	77. 冷鲜肉；78. 加工肉制品和可食用屠宰产品
	水产品加工	79. 冷鲜鱼；80. 加工鱼制品；81. 其他水产加工制品（包括海草类）
	加工或保藏的蔬菜	82. 冷冻蔬菜；83. 保藏蔬菜；84. 腌渍蔬菜；85. 脱水蔬菜；86. 蔬菜罐头
	果汁和蔬菜汁	87. 果汁（浆）；88. 蔬菜汁
	加工和保藏的水果和坚果	89. 保藏的水果和坚果；90. 冷冻水果；91. 冷冻坚果；92. 果酱；93. 烘焙或炒的坚果；94. 其他方法加工及保藏的水果和坚果
	植物油加工	95. 食用植物油
	植物油加工副产品	96. 植物油加工副产品
	经处理的液体奶或奶油	97. 经处理的液体乳和奶油
	其他乳制品	98. 乳粉类；99. 发酵乳
	谷物磨制	100. 小麦（粉）；101. 玉米（粉）；102. 大米（粉）；103. 小米（粉）；104. 其他谷物碾磨加工品和副产品
	淀粉与淀粉制品	105. 淀粉；106. 淀粉制品；107. 豆制品
	加工饲料	108. 加工的植物性饲料；109. 加工的动物性饲料
	烘焙食品	110. 饼干、面包及其他烘焙产品
	面条等谷物粉制品	111. 米面制品；112. 方便食品
	不另分类的食品	113. 茶；114. 代用茶；115. 咖啡；116. 保藏的去壳禽蛋及其制品；117. 调味品；118. 植物类中草药加工制品（仅限于经切碎、烘干等物理工艺加工的产品）
	白酒	119. 白酒和配制酒
	葡萄酒和果酒等发酵酒	120. 葡萄酒；121. 果酒；122. 黄酒；123. 米酒；124. 其他发酵酒
	啤酒	125. 啤酒
	纺纱用其他天然纤维	126. 纺纱用其他天然纤维
	服装	127. 纺织制成品

有机产品认证目录是可调整的，调整的权力归国家认监委所有。认证委托人和认证机构对认证目录外产品需要进行认证时，可以向国家认监委提出申请以请其列入认证目录。调整的可能性从大类、中类、小类到小类覆盖范围将依次增加，特别是对小类覆盖范围的调整，在今后一段时期内会表现为常态。

所有认证委托人都要立足于小类用好用足有机产品认证目录。认证委托人要把认证目录当做论证规划申请认证产品范围的蓝图和线索，从中选取一个或多个最适宜的小类作为认证项目的目标。有了小类目标，其覆盖范围内的具体产品就比较容易确定了。那种仅仅拿申请认证的产品来看是不是在认证目录内的做法，对于认证委托人来说是远远不够的。

在选取一个小类的情况下，认证委托人除考虑入选小类的市场前景外，更多地需要关注入选小类产品生产加工过程和关键技术以及投入物质对认证标准要求的符合性，包括必要时引进新技术和新工艺，或在原有技术和工艺基础上进行技术改造；而在选取多个小类的情况下，认证委托人还需考虑入选小类与小类间的最佳组合问题，这不但需要认证委托人在入选小类数目和认证成本以及认证收益之间做出平衡，而且更需要认证委托人在生产加工经营模式上有所创新。

可认证产品小类与小类间的组合，从动植物营养供给、植物病虫害防治、动物疾病预防、动物粪便和加工厂废弃物排放处理等方面看，都是十分可取的。在这种生产加工经营模式下生产加工的有机产品，才真正承载了有机农业保护物种多样性和保护环境的基本思想理念,值得认证委托人特别是那些实力比较雄厚的认证委托人去做。小类组合可以是简单组合、比较复杂的组合和复杂组合。表 4-2 是小类组合模式。

表 4-2 可认证产品小类组合模式

序号	组合模式	说明或举例
1	同一大类、同一中类的小类组合	简单组合。例如,小麦套玉米;燕麦和大麦或小麦混种;新鲜甘蓝类蔬菜(如甘蓝)和新鲜茄果类蔬菜(如番茄)套种
2	同一大类、不同中类的小类组合	比较复杂的组合。例如,小麦套种纺织用的植物原料(如棉花)、玉米套种薯芋类(如马铃薯或甘薯);其他油料植物(如花生)、套种瓜类(如西瓜)和豆类蔬菜(如菜豆);淡水鱼(如鲢鱼或鳙鱼)和虾类混养
3	不同大类的小类组合	复杂组合,若把四个大类看做四组,则组的组合数 $=^2C_4+^3C_4+^4C_4=11$。考虑到每个大类都包含许多小类,则具体的小类组合为数众多
4	更为复杂的组合	在不同大类的小类组合基础上引入新农村建设中沼气产生过程中的废弃物(沼液和沼渣),引入绿肥如紫云英、苕子、金花菜、草木犀、紫花苜蓿、白三叶等(通过轮作或间混作)

实际上,小类组合的做法可延伸到小类以下的小类覆盖产品上。例如:同属 11 类瓜类蔬菜中的黄瓜和冬瓜的套种,同属 71 类淡水鱼的常见鲤科鱼种(鲢鱼、鳙鱼、草鱼、鲤鱼、鲫鱼、青鱼)的分层混养,同属 84 类腌渍蔬菜的产品(盐渍菜、糖渍菜、醋渍菜、酱渍菜)在同一加工厂的发酵生产,等等。小类覆盖产品范围见附录Ⅰ(有机产品认证目录:小类覆盖产品范围)。

无论是小类组合还是小类覆盖产品组合,均要求认证委托人清楚地了解其生产经营的范围和目标以及有关动植物的生物学原理。在后一点上，如在植物如何搭配以实现间作套种方面，就需要了解以下几个植物形态学原则。

（1）株型一高一矮，即高秆植物和矮秆或无秆植物搭配，如玉米和大豆间作套种；

（2）枝型一胖一廋，即枝叶繁茂、横向发展的植物和无枝或少枝的植物搭配，如玉米和马铃薯间作套种；

（3）叶型一圆一尖，即圆叶植物和尖叶植物搭配，如棉花、甘薯、大豆等圆叶植物和小麦、玉米、高粱等尖叶植物间作套种；

（4）根系一深一浅，即深根植物和浅根植物搭配，如小麦和大葱或大蒜间作套种；

（5）直立型植物如玉米和蔓生型植物如南瓜间作套种；

（6）秆型植物如玉米和缠绕型植物如黄瓜间作套种。

此外，还要了解间作套种的植物是喜光植物还是耐阴植物，是耐湿植物还是耐旱植物。喜光植物要和耐阴植物搭配；耐湿植物要和耐旱植物搭配。

再比如，在考虑蔬菜轮作时，要注意了解几类蔬菜对养分的消耗程度和对病害的抗性。从养分消耗看，从豆类蔬菜（如大豆、四季豆、豇豆、豌豆、苜蓿等）、根茎类蔬菜（如萝卜、山芋、山药、芋头、洋葱、大蒜等）、叶菜类蔬菜（如菠菜、甘蓝、生菜、大白菜等）到瓜果类蔬菜（如番茄、茄子、辣椒、苦瓜、黄瓜、南瓜等），依次增大；从病害抗性看，从根茎类、豆类、叶菜类到瓜果类，依次减弱。若再考虑根系的深浅，则上述几类蔬菜的轮作顺序可以安排为以下几种组合模式：

（1）叶菜类→块根块茎类→豆类→瓜果类；

（2）块根块茎类→叶菜类→瓜果类→豆类；

（3）豆类→瓜果类→块根块茎类→叶菜类；

（4）瓜果类→豆类→叶菜类→块根块茎类。

作物轮作和间作套种或间混作，是我国传统农业的精华之一，也是有机农业特别强调的耕作制度和栽培方法。我国自20世纪70年代末以来大力推广普及的生态农业，就是在汲取包括轮作和间混作在内的中国传统农业精华的基础上融入现代科学技术发展起来的。虽然中国生态农业和我们讲的有机农业有着原则上的区别，例如，不特意限制使用合成肥料和农药以及转基因产品和辐照技术，但是其模式和技术仍可为有机农业提供借鉴。例如，在其一元产业构成的生态农业模式中，种植业生态模式中的作物间作、套种和轮作模式；养殖业为主的生态模式中的分层立体养殖、畜禽综合养殖、动物的轮养、动物的套养模式；林业生态模式中的混交林、乔灌草相结合、林药间作模式；渔业生态模式中的鱼的分层放养、鱼的轮养、鱼的套养、鱼蚌混养、鱼鳗混养模式。在其二元产业构成的生态农业模式中，农牧结合模式中的稻鹅结合、稻鸭共作、稻鱼共作模式；农林复合模式中的（泡）桐农复合、杨（树）农复合、（橡）胶（树）农复合模式；渔牧结合模式中的鱼鸭混养。在其多元产业构成的生态农业模式中，农林牧复合模式中的胶-茶-鸡模式；林农渔复合模式中的林-果-草-鱼模式；农牧渔复合模式中的桑基鱼塘、果基鱼塘、花基鱼塘模式；林牧渔复合模式中的湿地"林-稻-鸭-鱼"复合模式；以沼气为纽带的复合模式中的"四位一体"（沼气池、猪舍、厕所、蔬菜栽培组装在温室中）模式；以腐生食物链为纽带的复合模式中的"养殖业粪便＋蚯蚓或蝇蛆养殖＋种植业"模式；以农作物、林木或畜禽农副产品加工为纽带的复合模式；以生态旅游为纽带的复合模式等。生态农业技术如地膜或秸秆覆盖技术、节水灌溉技术、日光温室节水节能技术、农业废弃物（农田和果园的残留物、畜禽养殖的废弃物和污水、农产品加工的废弃物和污水、农村生活污水和人粪尿等生活废弃物）处理利用技术等。

我国生态农业模式在30多年的发掘和发展中取得了长足的进展，对我国农业现代化、可持续农业发展和生态环境保护作出了重要贡献。但是，从生物学上的物种概念来看，无论是植物轮作和间作套种或间混作，还是动物轮养和混养或套养，均停留在物种水平上，即种间多样性的利用上，而对于物种以下的水平即种内多样性的利用上则往往强调不够，有时甚至完全忽视了。例如，种间多样性在作物方面只是作物多样性的一个层次，其空间上的利用形式，即间作套种或间混作，也可称为物种混种、混播或混栽，其时间上的利用形式，即作物轮作。种内多样性则构成作物多样性的另外一个层次，也有空间和时间上的利用形式。由于种植业在大农业中的基础地位之故，还因为作物种内多样性应用与植物病害防治、作物稳产和增产、地方品种资源和生态环境保护，以及栽培方法改变（种植一个异质性或多样性的群体,而不是一个同质性或一致性的群体)有关,而且,经过半个多世纪的研究,其技术也比较成熟,所以,有必要做一介绍(附录Ⅱ品种混种:一种利用作物种内多样性的栽培方法),为认证委托人选择作物品种种植和进行病害防治提供进一步的参考。

在论证规划申请认证产品的过程中,除用好用足有机产品认证目录外,尚有几个比较重要的共性问题需要在这里说明。

(1)转换期的问题。有机产品生产通常都有转换期(从按照有机产品国家标准开始管理至生产单元和产品获得有机认证之间的时段,转换期的长短依动植物的类别和用途、生产基地使用状况、禁用物质使用情况等而不同),而有机产品加工则没有转换期。这意味着有机产品加工认证可以是不连续的认证,即有机产品加工认证委托人在没有有机加工任务的时候可以停止再认证申请,等到有任务的时候再重新提出认证申请。但是有机产品生产认证委托人在这样做的时候就不能不慎重,因为重新提出认证申请意味着重新开始转换。因此,对于有机产品生产认证委托人来说,选好定好申请认证的产品范围显得特别重要。

(2)平行生产的问题。在这里,平行生产取其广义的定义,即同一个生产单元或生产单位,同时生产、加工或经营具有不同属性的产品的情形,包括有机产品-转换期产品、有机产品-常规产品、转换期产品-常规产品、有机产品-转换期产品-常规产品4种组合。在平行生产中,容易发生属性不同的产品之间的混杂和混淆问题,容易发生常规产品在生产或加工中因存在或使用禁用物质而对有机产品或转换期产品的污染问题。因此，在存在平行生产的场合，特别是在准备进行平行加工的生产单位，管理上的防污染、防混杂、防混淆的"三防"问题便显得相当重要。

（3）容易感染疾病和病害的动植物品种的取舍问题。由于有机农业不使用合成农药（植物类产品领域）或基本上不使用常规兽、渔药（畜禽类和水产类产品领域），所以动植物病虫防治问题特别是动物疾病和植物病害的防治问题便成为有机产品认证的一个极为重要的关键控制点。解决这个问题的核心在于：利用包括诱导抗病性在内的抗病性以及各种能够增强抗病性的预防措施，如间作套种、合理密植、增施有机肥、加强肥水管理、合规的饲养密度、合理的日粮搭配、改善饲养条件、避免应激反应以及利用品种多样性（附录Ⅱ品种混种：一种利用作物种内多样性的栽培方法）等。如果预防措施对于某些疾病和病害无效，那么对于那些容易感染这些疾病和病害并会引起相当危害和损失的动植物品种就要果断地排除在入选产品范围之外。

（4）主打产品的问题。换句话说，这个问题是：认证委托人要不要把生产基地上出产的所有产品都认证呢？如果不发愁申请认证产品的市场销路，不考虑如此一来势必增加认证成本，不在意认证后可能带来的经济效益，只在意认证后带来的生态效益和社会效益，那么问题的答案是再清楚不过的了。但是，太清楚的答案未必就是好答案。在这种情况下，认证委托人还是需要好好地研究一下，力求在申请认证的产品范围大小与生态、经济和社会诸效益的显著程度之间做好平衡才对。随着我国城镇化步伐的加快，市场经济地位的进一步提升，专业化乃大势所趋。回到我们的问题上，就是认证委托人必须论证规划并最终确定其主打产品。

2. 确定申请认证产品的生产基地、加工场地和经营场所并绘制成图

确定申请认证产品的生产基地、加工场地和经营场所的问题，对于申请认证的小微型企业特别是一些农民专业合作社可能不是问题。因为这种企业通常是申请认证的产品种或养在哪里就认证在哪里——产品决定产地，选择余地有限。

大中型企业，特别是实力比较雄厚的大中型企业在产地选择上将有较大空间，不但可以跨区县，而且可以跨省份；不但可以采取产品决定产地的方法，而且有时还可以反其道而行之，采取产地决定产品的方法。对于这种企业，加工场地和经营场所的选择亦然。

无论哪种情况，认证委托人都要对所选定的生产基地、加工场地和经营场所按要求（表4-5）和按比例绘制成图。当生产加工经营状况发生变化时，还要及时更新有关图件并将变化情况向委托认证的认证机构通报。

从有机产品国家标准引用标准（表1-2）看，有机产品生产对生产基地、加工场地和经营场所并没有特别要求或过高要求，涉及生产基地环境质量、养殖场污染物排放、加工厂卫生等的标准要求即使在从事常规生产加工的地方也是应该满足的。那种过分强调生产基地环境质量问题而主张把基地建在所谓"无污染"的边远山区的观点,是不对的,对发展我国有机农业甚至是有害的。因为正是在有污染的地区如发达地区,环境保护问题才显得特别突出,发展有机农业及其相关产业——只要满足有机产品国家标准中相关引用标准要求——为解决这一问题提供了一条现实途径。

尽管有机产品国家标准对生产基地、加工场地和经营场所并没有过高要求,但是为保持有机产品生产的完整性,认证委托人在确定这些场地场所的时候,从一开始就要注意以下几个问题。

(1) 生产基地应当集中连片。不要试图在一个不大的区域里,像插花一样,将有机生产基地弄得东一块、西一块,而常规农业生产地块又散布于其中,造成斑块状的布局。这种情况很难防止常规地块上使用的禁用物质或有害物质不会漂移或转移到有机地块和作物上使之受到污染。

(2) 需要人工灌溉的生产基地,即使灌溉水符合有机产品认证要求,也必须从一开始就要注意从水源引水至生产基地的路径和方法。例如,在不准备或没有条件实行管道引水灌溉的情况下,必须考虑用于引水的沟渠位置、结构和使用的不适当而给有机生产基地带来的有害物质污染问题。

(3) 生产基地边界应当清晰并有明显的标示物,如果周边存在常规农业生产地块,则应该拥有自然形成的或人工设置的缓冲带,以避免常规农业生产措施如喷洒合成农药可能会给有机农业生产基地带来的污染问题。

(4)对于采取"公司＋小农户"经营模式的认证委托人,特别需要注意小农户的管理问题。不能简单地认为只要把小农户的地块拢在一起就万事大吉了,重要的是要把签约小农户的"心"拢在一起,使大家都能够按照规定要求去做才好。小农户管理问题在确定申请认证产品的生产基地的时候是必须加以考虑的,以免在日后生产经营过程中由于个别小农户的违规操作而给公司带来不利影响或严重损失。

(5)对于存在平行生产的认证委托人,自始至终都要考虑在生产、加工、包装、储藏、运输、销售等环节上严防发生有机产品、转换期产品和常规产品混杂或混淆的问题。在确定生产基地、加工场地和经营场所的时候,这个问题也应引起注意。

(6)不管是否存在平行生产,如果将来获证产品是以散装或裸装产品以及鲜活动物产品的形式销售,且无法使用有机产品认证标志,那么,在这种情况下,认证委托人从一开始就需考虑在其销售场所设立有机产品销售专区或陈列专柜并将其与非有机产品销售区、柜分开的问题。

(7)生产基地和加工场地应当避开繁华都市、工矿区、交通主干线、大型生活垃圾场、传染病医院等潜在污染源,以防固体废弃物、有害气体、重金属、病原物等有毒有害物质的污染。

总之,认证委托人从一开始就要树立防污染、防混杂、防混淆的"三防"思想。

最后,对于畜禽养殖来讲,认证委托人在确定生产基地的时候还要考虑畜禽圈舍的大小以及畜禽活动空间的问题,这一点在有机产品国家标准中是有明细规定的。例如，1头奶牛的室内空间要求是10平方米，室外活动空间要求是4.5平方米；1头成年羊室内空间要求是1.5平方米，室外活动空间要求是2.5平方米；1头育肥猪当体重分别在50千克、85千克、110千克以下时，室内空间和室外活动空间的要求分别是0.6平方米和0.8平方米、0.8平方米和1.1平方米、1平方米和1.3平方米；蛋鸡室内空间要求是1平方米6只，室外活动空间要求是1只4平方米；等等。这个要求是关心动物福利的具体表现，同时也是预防动物疾病的有效措施。

3. 委托检测产地环境质量并保留检测结果数据

认证委托人进行初认证之前必须准备向认证机构提交生产基地环境质量评价报告。生产基地环境质量评价报告可以通过两种途径获得：委托有资质的检测机构如经过计量认证的检测机构检测而获得；委托县级以上环境保护部门检测而获得。无论通过哪种途径获得的环境质量评价报告都要有对国家相关标准（表1-2）的符合性判定结论及其支撑性检测结果数据。

注意：有机产品认证中环境质量符合性判定结论所依据的国家相关标准，都要求使用最新版本。

生产基地环境质量的检测项目不外乎土壤、空气和水环境三种。其中，空气环境包括环境空气质量和保护农作物的大气污染物最高允许浓度两种，水环境包括农田灌溉水质、生活饮用水卫生和渔业水质三种。具体检测项目视认证范围和风险大小而定。

认证委托人获得认证后还必须准备每隔一定年限向认证机构提交新的生产基地环境质量评价报告,检测途径、符合性判定依据和检测项目要求同初认证。至于具体间隔年限,则视认证机构要求而定;通常为2~4年。

认证委托人应从委托检测的机构和部门索取生产基地环境质量评价报告,并对历年生产基地环境质量评价报告加以妥善保管,使之成为有机产品认证档案资料中的一部分,以备自己分析研究以及认证机构和认证监管部门监督检查用。

4. 选好有机产品生产加工经营的管理者和内部检查员

认证委托人必须为本单位配备有机产品生产加工经营的管理者和内部检查员。对管理者和内部检查员的要求如表4-3所示。

表4-3 对管理者和内部检查员的要求

项目	要求	
	管理者	内部检查员
岗位要求	主要负责人之一,负责有机产品生产加工经营活动	管理人员,负责有机产品生产加工经营过程内部检查和质量管理体系审核并配合认证机构认证和检查
对有机产品认证相关法律法规的知识	了解	了解
对有机产品国家标准的知识	了解	掌握
对农业生产加工经营的技术知识或经验	具备	具备
对本单位有机产品生产加工经营过程和质量管理体系了解的情况	熟悉	熟悉
附加要求	—	相对独立于被检查对象

内部检查员的工作在许多方面如检查范围、检查过程、检查方法、检查记录和检查报告等都类似于认证机构委派的认证现场检查组的工作，所以应给予专门的培训，使之完全胜任所担负的内部检查和审核工作，以保证本单位质量管理体系和生产加工经营过程持续地或更好地满足认证要求。

内部检查员的检查审核能力是其勤奋工作和经验积累的结果。因此，认证委托人不宜经常、更不能随意更换内部检查员。即使因为工作需要而不得不更换，认证委托人也应事先安排足够的时间使新的内部检查员能够满足表4-3所列要求，接受专门的培训，并完成和原内部检查员的工作交接事宜。

5. 检查投入品是否在有机产品生产加工允许使用的物质表内

认证委托人在早期准备阶段就应着手检查投入品是否在有机产品生产加工允许使用的物质表内。如果投入品不在物质表内，就要考虑是否有其他可替代的且在物质表内的物质使用，或者要考虑采取哪种技术或工艺能够起到该物质的作用。经过种种努力之后还不行，恐怕就要启动该物质是否适合在有机产品生产或加工中使用的评估程序，获得国家认监委批准后，该物质才能使用。

有机产品生产加工中允许使用的物质表分生产和加工两个部分。其中，生产部分分为两部分：①有机植物生产中允许使用的投入品，包括土壤培肥和改良物质、植物保护产品、清洁剂和消毒剂三个方面；②有机动物养殖中允许使用的物质，包括添加剂和用于动物营养的物质、动物养殖允许使用的清洁剂和消毒剂、蜜蜂养殖允许使用的疾病和有害生物控制物质等三个方面。加工部分也分为两部分：①有机食品加工中允许使用的食品添加剂、助剂和其他物质，包括食品添加剂、加工助剂、调味品、微生物制品、其他配料五个方面；②有机饲料加工中允许使用的添加剂，只有饲料添加剂一个方面。

表 4-4 显示了有机产品生产加工允许使用的物质表组成情况。物质表内具体物质的类别和名称、要求和使用条件，见附录Ⅲ（有机产品生产加工中允许使用的物质表）中的附表 1（有机植物生产中允许使用的投入品）、附表 2（有机动物养殖中允许使用的物质）、附表 3（有机食品加工中允许使用的食品添加剂、助剂和其他物质）和附表 4（有机饲料加工中允许使用的添加剂）。

表 4-4　有机产品生产加工允许使用的物质表组成情况

生产部分	有机植物生产中允许使用的投入品	土壤培肥和改良物质
		植物保护产品
		清洁剂和消毒剂
	有机动物养殖中允许使用的物质	添加剂和用于动物营养的物质
		动物养殖允许使用的清洁剂和消毒剂
		蜜蜂养殖允许使用的疾病和有害生物控制物质
加工部分	有机食品加工中允许使用的食品添加剂、助剂和其他物质	食品添加剂
		加工助剂
		调味品
		微生物制品
		其他配料
	有机饲料加工中允许使用的添加剂	饲料添加剂

使用有机产品生产加工中允许使用的物质表时，不能只看名称和组分，更重要的是要看各种物质的使用条件，否则，即使投入品在物质表内，但因为使用方法有误，也是不能达标的。此外，使用物质表还要看物质与物质间可能的组合。例如，在

堆制有机肥时，可以根据土壤养分状况和作物养分需求，在主要堆肥原料的基础上，适当配置一些天然的磷矿石以补磷或作为薪柴燃烧后的草木灰以补钾，等等。

实际上，物质或材料与处理物质或材料的方法通常是密不可分的。所以，使用物质表应当考虑所选表内物质或材料的使用方法才对。现以日本堆制一种流行的速效有机肥为例，说明如下。在这个例子中，它把整个堆制过程分为4个阶段，即准备阶段、制堆阶段、发酵阶段和储藏阶段，并对每一阶段所使用的物质或材料及其作用、场地场所、温度要求、操作步骤等都有细致的规定，具有极强的可操作性。

（1）准备阶段。选择用水方便的地点，打扫干净一块4平方米的地面，准备好水、防雨和防晒的遮蔽物如防水油布、塑料薄膜等以及发酵材料。发酵材料的名称、数量和作用如表4-5。

表4-5　发酵材料的名称、数量和作用

发酵材料	数量	作用
过筛土壤	65铲子	蓄积养分
鸡粪	5大袋	含氮和磷
干椰子粗粉	2大袋	含氮
酒糟	3大袋	含微生物和有机物质
植物灰烬	1大袋	含钾和钙

（2）制堆阶段。步骤1：在准备好的地面上铺15铲子过筛土壤。步骤2：在土层上铺1/3的鸡粪。步骤3：再铺1/3的干椰子粗粉。步骤4：在下一层上再铺1/3的酒糟和1/3的植物灰烬。步骤5：给堆浇水以保持足够的湿度（50%～55%）。步骤

6；重复步骤1~5共3次。步骤7：在堆上覆盖20铲子过筛土壤。步骤8：在堆顶盖上草和椰子树叶，然后盖上防水油布。

（3）发酵阶段。第1周，当堆温超过55℃时，每天或每两天翻一次肥堆。把小刀插在肥堆里1分钟，然后拿出来感觉一下热度，5秒钟还感觉太烫，那就是超过55℃。第2周，每三四天翻堆一次，使肥堆里的微生物混合均匀。第3周，使肥堆铺展成40~50厘米的薄层，以降低堆温。第4~5周，熟化，肥堆表面会覆盖一层白色的外壳，这是有用的真菌和其他微生物。至此，有机肥堆制完毕，呈干燥粉状，没有难闻的气味。

（4）储藏阶段。把肥装袋，选择阴凉、黑暗、干燥的地点储藏备用。

在我国，有些地方堆制有机肥时，不够精细，太过粗放。这是需要改进的，毕竟各种有机肥（包括绿肥）是创建和发展有机农业生产体系的基石之一。

需要注意的是，即使是物质表内的物质，也不能是转基因产品。

除有机产品生产加工允许使用的物质表内物质外，还需要注意散见于有机产品国家标准之第一部分生产和第二部分加工内的某些投入品的使用情况，以及较易忽视的一些有关投入物质使用的问题。现将这些情况和问题列举如下：

（1）引入有机产品生产基地的种子、种苗和菌种，应该是有机种子、种苗和菌种。在不能获得有机种子、种苗和菌种的情况下，可以使用常规种子、种苗和菌种，但不能使用禁用物质进行处理。

（2）引入有机产品生产基地的幼畜和幼禽，应该是有机幼畜和幼禽。在不能获得有机幼畜和幼禽的情况下，可以引入常规幼畜和幼禽，但要符合一定的月、周、日龄以及喂乳条件。对于不同的畜禽，具体要求：肉牛、马属动物、驼，不超过6月龄且已断乳；猪、羊，不超过6周龄且已断乳；乳用牛，不超过4周龄，接受过初乳喂养且主要是以全乳喂养的犊牛；肉用鸡，不超过2日龄（其他禽类可放宽到2周龄）；蛋用鸡，不超过18周龄。

（3）不能在设施栽培中使用禁用物质处理建筑材料和栽培容器。

（4）不能在瓜果类蔬菜和果树栽培中使用含有合成农药的果实套袋。

（5）不能使用由聚氯类产品制成的保护性建筑覆盖物、农膜和防虫网。可以使用由聚乙烯、聚丙烯或聚碳酸酯类产品制成的保护性建筑覆盖物、农膜和防虫网。

（6）有机肥的来源首先是本生产单元或其他有机生产单元，其次才是常规生产单元；无论来自何处，有机肥都必须经过充分腐熟后使用。

（7）商品有机肥必须经过评估程序，获得国家认监委批准后才能使用。

（8）不能在叶菜类和块根块茎类蔬菜上使用人粪尿，即使腐熟的也不行；在其他作物上使用人粪尿，必须充分腐熟并在使用中不得与植物食用部分接触。

(9) 不能使用城市污水污泥灌溉和种植。

(10) 畜禽饲料应为有机饲料；当有机饲料短缺时，可以有条件地使用常规饲料。这些条件是：第一，事先获得认证机构许可；第二，控制使用比例，包括每种草食动物和非草食动物的常规饲料消耗量在全年消耗量中的比例以干物质计分别为≤10%和≤15%以及常规饲料在畜禽日粮中的比例以干物质计为≤25%等两个方面。

(11) 不能给畜禽饲喂动物粪便，经过加工的也不行。

(12) 不能给畜禽饲喂同种动物及其制品。

(13) 不能给反刍动物饲喂动物及其制品。

(14) 畜禽预防接种的疫苗，不能是基因工程疫苗——国家强制免疫的疫苗例外。

(15) 为控制畜禽疾病或减轻其伤痛，在采用多种预防措施后仍不能达到目的的情况下，可以有条件地使用常规兽药。这些条件包括四个方面。第一，是允许疗程方面的要求，即养殖期不足12个月的畜禽只可接受1个疗程的常规兽药治疗，超过12个月的最多可接受3个疗程的常规兽药治疗。超过允许疗程的，必须重新转换。第二，母畜后代方面的要求，即母畜在妊娠期后三分之一时段接受了常规兽药的治疗，其后代必须重新转换。第三，休药期方面的要求，即经过常规兽药治疗的畜禽及其产品，必须经过该药物的2倍休药期（如果2倍休药期不足48小时，则应达到48小时）之后，才能作为有机产品出售。第四，标记和记录方面的要求，即经过常规兽药治疗的动物，必须逐个（大型动物）或成批（小型动物）地加以标记和记录。

（16）同一种加工配料不能同时含有有机和常规成分。

（17）加工工艺中的提取溶剂仅限于水、乙醇、动植物油、醋、二氧化碳、氮和羧酸。

（18）加工过程中可使用的消毒剂包括乙醇、次氯酸钙、次氯酸钠、二氧化氯和过氧化氢。

（19）不能在加工过程中使用石棉过滤材料或可能会被有害物质渗透的过滤材料。

（20）不能使用接触过禁用物质的包装袋或包装容器盛装有机产品，也不能使用含有合成杀菌剂、防腐剂和熏蒸剂的包装材料。包装材料最好是由木、竹、植物茎叶和纸制成的；其他材质的包装材料只要符合卫生要求，也可以使用。

（21）加工或储藏场所在遭受有害生物严重侵袭的紧急情况下，可以用中草药进行喷雾和熏蒸处理，不能使用硫黄进行熏蒸处理。

6. 编制管理体系文件并决定管理体系开始运行的时间

管理体系文件是认证委托人进行有机产品生产、加工、经营、管理、认证等活动的内部制度保障和技术保证，是认证委托人对于从事有机产品生产加工经营活动的三个问题——为什么做？做什么？如何做？——的明确答复，是由一系列规章制度、操作规程或作业指导书、记录表格（记录系统）、有关图件等组成的内控文件。

为凸显质量管理体系的重要性和系统性，有机产品国家标准专门将其单列为一个部分，即标准的第四部分管理体系，对管理体系文件的内容做了明确规定，以方便认证委托人编制自己的管理体系文件和内外部审核用。表 4-6 是管理体系文件组成部分及其内容要求一览表。

表 4-6 管理体系文件组成部分及其内容要求一览表

序号	组成部分	内容要求
1	管理手册	有机产品生产、加工、经营者的简介；有机产品生产、加工、经营者的管理方针和目标；管理组织机构图及其相关岗位的权责；有机标识的管理；可追溯体系与产品召回；内部检查；文件和记录管理；客户投诉的处理；持续改进
2	操作规程	作物种植、食用菌栽培、野生采集、畜禽养殖、水产养殖或捕捞、蜜蜂养殖等生产技术规程；防止有机生产、加工和经营过程中受禁用物质污染所采取的预防措施；防止有机产品与非有机产品混杂所采取的措施；植物产品收获规程及收获、采集后运输、加工、储藏等各道工序的操作规程；动物产品的屠宰、捕捞、提取、加工、运输及储藏等环节的操作规程；运输工具、机械设备及仓储设施的维护、清洁规程；加工厂卫生管理与有害生物控制规程；标签及生产批号的管理规程；员工福利和劳动保护规程
3	记录系统	生产单元的历史记录及使用禁用物质的时间及使用量；种子、种苗、种畜禽等繁殖材料的种类、来源、数量等信息；肥料生产过程记录；土壤培肥施用肥料的类型、数量、使用时间和地块；病虫草害控制物质的名称、成分、使用原因、使用量和使用时间等；动物养殖场所有进入、离开该单元动物的详细信息（品种、来源、识别方法、数量、进出日期、目的地等）；动物养殖场所有药物的使用情况（产品名称、有效成分、使用原因、用药剂量、被治疗动物的识别方法、治疗数目、治疗起始日期、销售动物或其产品的最早日期）；动物养殖场饲料和饲料添加剂的使用情况（种类、成分、使用时间及数量等）；所有生产投入品的台账记录（来源、购买数量、使用去向与数量、库存数量等）及购买单据；植物收获记录（品种、数量、收获日期、收获方式、生产批号等）；动物产品的收获、屠宰、捕捞、提取记录；加工记录（原料购买、入库、加工过程、包装、标识、储藏、出库、运输记录等）；加工厂有害生物防治记录和加工、储存、运输设施清洁记录；销售记录及有机标识的使用管理记录；培训记录；内部检查记录

续表

序号	组成部分	内容要求
4	有关图件	即生产单元或加工、经营等场地场所的位置图,包括种植区域的地块分布,野生采集区域、水产捕捞区域、水产养殖场、蜂场及蜂箱的分布,畜禽养殖场及其牧草场、自由活动区、自由放牧区、粪便处理场所的分布,加工、经营区的分布;河流、水井和其他水源;相邻土地及边界土地的利用情况;畜禽检疫隔离区域;加工、包装车间、仓库及相关设备的分布;生产单元内能够表明该单元特征的主要标示物

认证委托人应根据有机产品国家标准之第四部分管理体系以及有机产品认证管理办法和实施规则的有关规定,结合申请认证的产品和产地范围以及其他本单位的实际情况,组织有关人员在广泛征求员工意见的基础上充分论证,认真编写和修改,做到内容完整、切合实际、合规合理。至于编写体例和具体形式,则没有统一的要求。

需要注意的是,编制好的体系文件应当装订成册并保存电子版本以供将来修订时用。保存体系文件电子版也方便拷贝或印刷,特别是体系文件中的记录表格,生产和管理人员随时都会用得到,必须准备足够用的拷贝。

在这个阶段,认证委托人还需要对管理体系开始运行的时间作出决定。因为这个问题和认证申请的时间有关。按照认证申请受理要求,认证委托人在向认证机构提出认证申请前必须有效运行其管理体系3个月以上;否则,即使其他条件都很好,认证机构也不会受理。

7. 做好并保存管理体系运行以来生产加工经营活动和管理记录

认证委托人质量管理体系一旦开始运行,那么,从这一刻起,生产和管理人员就要按照体系文件中的记录系统做好并保存有关生产加工经营活动和管理的一切记录。例如,反映生产及后续环节如包装和储运等过程的记录;设施设备的清洁和维护记录;销售记录;有机产品认证标志的购买和使用记录;人员内外部培训记录;内部检查计划、记录和报告;各种相关会议记录;客户和消费者投诉记录;投入品购买发票或收条和销售票单或凭证等方面。

记录做得好坏直接决定体系运行的符合性、适宜性和有效性。因此,认证委托人必须花大力气去做这件事,务必做到内容全面、具体翔实、准确清晰。文字性记录若配以图片或影像,则效果会更好。例如,将堆肥原料和堆制过程、产品收获或野生采集过程、采后处理或储运过程、植物主要病虫害及其防治措施、果树修剪整形过程、授粉或套袋过程、灌溉和施肥过程、畜禽日粮制作过程、青贮饲料的原辅料和制作过程、畜禽疾病预防和治疗过程、某个加工工艺流程、产品包装过程、有机产品认证标志粘贴过程、一场培训会等用摄像机录制下来以供人员培训、产品宣传、内外部检查审核等使用,则形象直观,便于理解和记忆。

8. 检查生产加工经营的资质证明文件是否合法有效

生产加工经营的资质证明文件是判定认证委托人合法性的

依据,是认证机构受理认证委托人认证申请的首要条件。因此,在提出认证申请之前,认证委托人必须按照认证的产品和产地范围以及其他本单位实际情况准备资质证明文件(见第二章认证程序)。没有办理的要补办,已经办理的要保持有效,以免延误认证进度,造成不必要的损失。

当认证申请准备工作做到这一步的时候,认证委托人就要考虑最后一件要准备的事,那就是选定认证机构并认真填写其编制的认证申请表和调查表。

9. 选定认证机构并认真填写其编制的认证申请表和调查表

在选择认证机构的时候,认证委托人可能需要在以下几个因素之间做出平衡。首先,认证委托人要考虑所选认证机构距离本单位的远近问题。这个问题涉及认证成本。因为按照规定认证委托人除每年向认证机构缴纳一定的认证费和向检验检测机构缴纳一定的检验检测费外,还需要承担认证现场检查组成员来往的交通费和食宿费。认证机构太远,认证成本势必增加。距离远也会减少彼此见面交流学习的机会。对于小微型认证企业,就近原则也许是不错的选择。

其次,认证委托人选择认证机构时还要考虑入选认证机构的认证服务质量问题,包括其认证的时效性、证后服务和认证培训三个方面。对于一个比较简单的认证项目,认证机构及其认证人员做起来拖拖拉拉的肯定不行,需要办理销售证或变更认证证书的,认证机构不能及时处置当然也不行。认证机构若能举办各种与有机农业和有机产品知识有关的讲座或培训,那对于提升认证委托人的能力大有裨益。

最后,认证委托人尚需考虑认证机构的知名度。知名认证机构历史悠久、管理水平高、业务量大、活动范围广,固然比较能保证认证质量和提高认证时效性,但因为时间的关系,他们可能会在一个个认证委托人身上花的时间不多,给予的关注也不够。而那些不太知名的认证机构则相反,他们会加倍努力,愿意花较多时间和精力去关注每一个认证委托人。在这个问题上,正确的选择也许还是仁者见仁,智者见智。

选定认证机构后,认证委托人就可以通过适当途径获取选定认证机构编制的认证申请表和相关调查表进行填写,以备认证申请用。认证申请表和调查表所涉及的内容除认证委托人基本信息外都是围绕相关认证范围关键控制点而展开的,是认证机构作出认证受理决定的重要依据。设计良好的申请表和调查表还可以帮助认证委托人对认证申请准备工作做最后一次梳理并发现一些准备上的不足。因此,认证委托人有关人员必须认真对待,如实填写,以免认证机构有关人员产生误解或不必要的疑问。

二、接受并配合认证机构的认证检查

认证机构的认证检查即现场检查通常包括 5 种类型即初认证检查、补充检查、再认证检查、监督检查、飞行检查。不同类型的认证检查在检查对象、检查时间、检查范围、检查要求等方面不尽相同，但都是为了确保认证委托人委托认证的产品及其生产加工经营活动和管理体系能够符合或持续符合认证要求的目的的。因此，认证委托人不能以任何理由或任何方式加以拒绝和排斥，应给予认证机构派出的检查组以积极的配合和协助。

1. 初认证检查

初认证检查是对首次提出认证申请的认证委托人实施的现场检查，事先要通知认证委托人。检查时间安排在认证委托人委托认证的产品生产加工过程中任何一个时期，检查范围覆盖所有认证范围，包括所有认证产品范围和所有认证产品生产加工经营的场地场所。

检查组在初认证检查中通过中医"诊断"方法确认认证委托人委托认证的产品其生产加工经营活动和质量管理体系的符合性、适宜性和有效性，并对产地环境作出符合性评估。同时，检查组在中医"诊断"方法基础上将对认证产品进行抽样送检。

初认证检查是一种比较全面的现场检查，但有些认证要求在此种检查中尚不涉及，如认证证书和认证标志的使用情况、往年不符合项整改情况等。

2. 补充检查

补充检查也是针对首次提出认证申请的认证委托人实施的现场检查。发生于认证委托人委托认证的产品是多产品且初认证检查因生长季原因而不能覆盖所有认证产品。因此，补充检查是对初认证检查未及产品及其生产加工经营过程和管理体系的检查，是对初认证检查范围不够和初认证检查不能充分满足认证要求的弥补。

补充检查也需要事先通知认证委托人。

3. 再认证检查

再认证检查是对获证委托人持续保持认证而实施的现场检查。只要认证委托人欲保持认证，认证机构每年都会委派检查组实施再认证检查。

再认证检查的具体时间通常同初认证检查，也是安排在认证产品生产加工过程中任何一个时期。对于多产品且再认证检查因生长季原因而不能覆盖所有认证产品的情况，可在不同年度安排再认证检查于不同生长季。

再认证检查是一种全面检查。检查范围不但和初认证检查完全相同，而且检查要求覆盖包括初认证检查未涉及要求在内的所有认证要求。如此一来，再认证检查组比初认证检查组就要"多干点儿活"。

再认证检查是一种例行检查，同样需要事先通知认证委托人。

4. 监督检查

认证机构的监督检查是针对所有认证委托人的现场检查，也需要事先通知认证委托人。具体检查对象依认证机构对其认证的所有认证委托人委托认证的产品及其生产加工经营活动和管理体系中的风险评估而定。认证监管部门发布的有关有机产品认证区域、获证产品及其认证委托人、认证机构的认证风险预警信息,也会成为认证机构确定监督检查对象的依据。

监督检查时间通常安排在获证委托人委托认证的产品生产加工经营过程中任何一个时期,必要时也可安排在初认证检查之后。检查范围和要求没有初认证检查或再认证检查全面。

5. 飞行检查

飞行检查又称不通知检查。它是认证机构每年从其认证的所有认证委托人中抽取5%的认证委托人而实施的现场检查,可以是全面的现场检查,也可以不是全面的现场检查。在后一种情况下,飞行检查的时间、范围和要求依所抽取的认证委托人委托认证的产品生产加工经营活动和管理体系中存在的风险类别及其大小而定。

飞行检查通常是针对获证委托人委托认证的产品而实施的现场检查。

三、妥善保管认证机构给予的书面认证文件

认证机构给予认证委托人的书面认证文件,不但是认证委托人委托认证和委托认证结果的记录,而且是认证监管部门对认证委托人和认证机构实施监督的证据,也是国家对区域有机产业发展进行综合评估的依据之一。因此,认证委托人应妥善保管认证机构历年给予的书面认证文件并将其形成有机产品认

证档案资料中有机的组成部分。

1. 反映认证过程的书面认证文件

认证委托人需要保管好以下一至数项反映认证过程的书面文件：

（1）认证机构认证受理通知；

（2）认证机构不予受理认证的通知；

（3）认证机构和认证委托人签订的认证合同；

（4）认证现场检查组组成成员确认书；

（5）认证现场检查计划；

（6）认证机构终止认证现场检查的通知；

（7）认证现场检查发现的不符合项的描述、依据、整改时限；

（8）认证现场检查报告；

（9）认证机构批准认证的通知；

（10）认证机构不予批准认证的通知；

（11）认证机构对于不批准认证的申诉处理结果和结论；

（12）认证机构给予的其他任何涉及认证过程的文件。

2. 反映认证结果的书面认证文件

认证委托人需要保管好以下一至数项反映认证结果的书面文件：

（1）有机转换认证证书；

（2）有机产品认证证书；

（3）有机产品销售证书的复印件；
（4）未用完的有机产品认证标志及其有机码和防伪标识；
（5）认证机构给予的其他任何涉及认证结果的文件。

有机码是认证机构按照一定的编码规则对其发放的每一枚有机产品认证标志赋予的号码，相当于居民身份证。为加强监管，认证机构通常将有机产品认证标志、有机码、认证机构名称或标识、防伪标识等元素设计成为一个统一的图案，以供认证委托人购买使用，同时方便消费者查询。

四、正确使用三证一标

三证一标是认证委托人认证经历的证明书，认证产品的身份证，进入有机市场的通行证，都是看得见、摸得着、拿得出的凭证。三证一标及其使用也是认证机构认证后管理以及认证监管部门实施监督和查处认证活动中违法违规行为的重点。为维护自身、客户和消费者权益，认证委托人必须正确使用三证一标。

1. 有机转换认证证书的使用

获证委托人应向销售商和消费者出示或展示有机转换认证证书，以证明其获证产品是转换期产品。不得宣称获得有机转换认证证书的产品是"有机转换产品"，更不能误导销售商和消费者认为获得有机转换认证证书的产品就是有机产品。

销售商若对获证委托人转换期产品有进货意向，应向获证委托人索取并验证其有机转换认证证书的真伪,同时留存其有机转换认证证书的复印件。

获证委托人受到认证机构认证后的认证处罚时,不得继续使用有机转换认证证书,除非有机转换认证证书得以恢复。

任何单位和个人不得伪造、变造、冒用、非法买卖、转让、涂改有机转换认证证书。

2. 有机产品认证证书的使用

获证委托人应向销售商和消费者出示或展示有机产品认证证书,包括在有机产品专卖店、销售专区和陈列专柜的显著位置摆放有机产品认证证书复印件,以证明其获证产品是有机产品。对于获证的散装或裸装产品以及鲜活动物产品,应在销售场所设立有机产品销售专区或陈列专柜。

销售商若对获证委托人有机产品有进货意向,应向获证委托人索取并验证其有机产品认证证书的真伪,同时留存其有机产品认证证书的复印件。

进口有机产品申报入境检验检疫时,需要进口有机产品认证委托人提供的有机产品认证证书复印件。

获证委托人受到认证机构认证后的认证处罚时,不得继续使用有机产品认证证书,除非有机产品认证证书得以恢复。

任何单位和个人不得伪造、变造、冒用、非法买卖、转让、涂改有机产品认证证书。

3. 有机产品销售证书的使用

获得有机产品认证证书的认证委托人在销售获证产品时需

要将有机产品销售证书原件交给销售商而将其复印件归档留存。销售商应对有机产品销售证书上获证产品类别、范围和数量是否超出有机产品认证证书上载明的产品类别、范围和数量加以验证。

进口有机产品申报入境检验检疫时,需要进口有机产品认证委托人提供的有机产品销售证书复印件。

任何单位和个人不得伪造、变造、冒用、非法买卖、转让、涂改有机产品销售证书。

4. 有机产品认证标志的使用

获得有机产品认证证书的认证委托人,要注意以下事项:

(1)可以向销售商和消费者展示有机产品认证标志,包括在有机产品专卖店、销售专区和陈列专柜的显著位置摆放有机产品认证标志。

(2)在有机产品认证证书限定的产品类别、范围和数量内使用有机产品认证标志;不得将有机产品认证标志用于未获得认证的产品、转换期产品,以及获证产品在认证证书标明的生产加工场地场所外进行了再次加工、分装、分割的产品。

(3)在获证产品或产品最小销售包装上以粘贴或印刷等方式加施有机产品认证标志,同时加注其有机码以及认证机构名称或标识。

(4)对于获证的散装或裸装产品以及鲜活动物产品,可以不加施有机产品认证标志及其有机码以及认证机构名称或标识,但应在销售场所设立有机产品销售专区或陈列专柜并在其适当位置展示有机产品认证标志。

（5）对于获证的不直接零售的加工原料，可以不加施有机产品认证标志及其有机码以及认证机构名称或标识。

（6）可以在获证产品标签、说明书、广告宣传等材料上印刷有机产品认证标志。

（7）有机产品认证标志可以按比例放大或缩小，但不得变形、变色。

获得有机产品认证证书的认证委托人在受到认证机构认证后的认证处罚时，不得继续使用有机产品认证标志，除非有机产品认证证书得以恢复。

任何单位和个人不得伪造、冒用、非法买卖有机产品认证标志。

五、及时提出再认证申请

有机转换认证证书和有机产品认证证书的有效期均为一年。获证委托人为持续保持认证，必须向认证机构提出再认证申请，以使认证机构及时启动认证程序。

1. 正常情况下的再认证申请

在正常情况下，获证委托人至少在认证证书有效期结束前3个月向认证机构提出再认证申请。

有的认证机构也会在认证证书有效期结束前3个月或更早以书面形式或其他方法提醒获证委托人提出再认证申请，以便再认证能够在认证证书有效期内实施。

2. 异常情况下的再认证申请

所谓异常情况是指在认证证书有效期内，再认证现场检查因生产季或重大自然灾害而不能实施的情况。

在异常情况下，获证委托人必须在认证证书有效期内向认证机构提出书面申请说明原因。经认证机构确认后，再认证可在认证证书有效期后的3个月内实施，但不得超过3个月。超过3个月仍不能实施再认证现场检查的生产单元，必须重新进行认证和转换。

需要注意的是，在有机产品认证证书延长期内生产的产品，不得作为有机产品销售。

六、接受并配合认证监管部门的监督检查

各级认证监管部门实施的监督检查，是督促认证机构及其认证委托人改进工作态度和工作方法的重要措施，是打击和惩处认证活动中违法违规行为的有力手段，是维护认证市场秩序和消费者权益的重要保障，各相关方——包括认证委托人——都要配合和协助。

认证监管部门的监督检查包括国家认监委组织实施的对认证活动的监督检查和不定期的专项监督检查以及地方认证监管部门的监督检查。地方认证监管部门监督检查的范围和方法包括：对认证活动是否符合《有机产品认证管理办法》和《有机

产品认证实施规则》规定的监督检查;对获证产品的监督抽查;对获证产品认证、生产、加工、进口、销售单位的监督检查;对认证证书和认证标志的监督检查;对认证咨询活动是否符合相关规定的监督检查;对认证和认证咨询活动举报的调查处理;对违法行为的依法查处。

第五章

认证机构和认证人员

一、认证机构的认证资质、认可能力和认证范围

1. 认证机构的认证资质

认证机构须经国家认监委批准并依法取得法人资格后方可从事批准范围内的认证活动。未经批准,任何单位和个人不得从事认证活动。

经国家认监委批准的认证机构具备下列条件:

(1) 有固定的场所和必要的设施;

(2) 有符合认证认可要求的管理制度;

(3) 有不少于人民币 300 万元的注册资本;

(4) 有 10 名以上相应领域的专职认证人员;

(5) 有与有机产品认证活动相适应的检验、检测、检查等技术能力。

外商投资的认证机构同时还要具备下列两个条件:

(1) 外方投资者取得其所在国家或者地区认可机构的认可;

(2) 外方投资者具有 3 年以上从事认证活动的业务经历。

国家认监委对认证机构批准的业务范围可以是表 5-1 中的任何一至数项。

表 5-1　国家认监委对认证机构批准的业务范围

大类	小类
种植	植物生产
	野生植物采集
	食用菌栽培
养殖	畜禽养殖
	蜜蜂和蜂产品
	水产养殖
加工	加工

注：此表同时适用于中国合格评定国家认可委员会（CNAS）对认证机构认可的能力范围或业务范围和中国认证认可协会（CCAA）对认证检查员注册的专业范围（仅限于大类）

认证机构在获得国家认监委批准后的 12 个月内，向国家认监委提交可证实其具备实施有机产品认证活动符合《有机产品认证实施规则》和《产品认证机构通用要求》（GB/T 27065）的能力证明文件如 CNAS 出具的认可证书等。在未提交能力证明文件之前，认证机构在每个批准的业务范围颁发认证证书的数量不得超过五张。

认证机构获得国家认监委批准文件后，首先在当地工商行政管理部门登记注册取得法人营业执照，然后按照规定时间分别在当地质量技术监督部门和税务部门申请办理组织机构代码证和税务登记证。认证机构接受并配合上述三部门的监督和管理。

2. 认证机构的认可能力

所谓认证机构的认可能力，在这里是指 CNAS 按照认可程序和标准对认证机构进行评审后认可的技术和管理能力。CNAS认可的认证机构其能力范围或业务范围可以是表5-1中的任何一至数项。

获得CNAS认可的认证机构允许使用其出具的认可证书和CNAS国家认可标志。CNAS国家认可标志的图案见图5-1。

图5-1　CNAS国家认可标志

CNAS为确保获认可认证机构持续符合认可要求，每年都会委派认可现场评审组对获认可认证机构实施监督评审或复评（以下统称评审）。评审过程包括评审申请、评审准备、文件评审、现场评审和见证、认可批准等阶段。

评审依据是CNAS根据有机产品认证机构认可领域的国际标准和中国国情而建立的文件化的认可规范和认可说明。认可规范通常包括认可规则、认可准则、认可指南、认可方案四项内容。其中认可规则是CNAS实施认可活动的政策和程序，认可准则是CNAS认可的认证机构应满足的基本要求，认可指南是CNAS对认可准则的说明或应用指南，认可方案是CNAS针对特别领域或行业对上述认可规则、认可准则和认可指南的补充。

表 5-2 是有机产品认证机构认可评审使用文件一览表。

表 5-2　有机产品认证机构认可评审使用文件一览表

文件类别	文件编号	文件名称
认可规则	CNAS-R01：2010	认可标识和认可状态声明管理规则
	CNAS-R02：2011	公正性和保密规则
	CNAS-R03：2010	申诉、投诉和争议处理规则
	CNAS-RC01：2014	认证机构认可规则
	CNAS-RC02：2013	认证机构认可资格处理规则
	CNAS-RC03：2013	认证机构信息通报规则
	CNAS-RC04：2013	认证机构认可收费管理规则
	CNAS-RC05：2014	多场所认证机构认可规则
	CNAS-RC07：2011	具有境外关键场所的认证机构认可规则
认可准则	CNAS-CC02：2013	产品、过程和服务认证机构要求
	CNAS-CC21：2006	产品认证机构通用要求（ISO/IEC Guide 65：1996/GB/T27065：2004）
	CNAS-CC23：2006	产品认证机构通用要求：有机产品认证的应用指南
认可指南	CNAS-GC01：2006	认证证书管理实施指南
	CNAS-GC21：2006	产品认证机构认证业务范围管理实施指南
认可方案	CNAS-SC22：2014	实施有机产品认证的认证机构认可方案
认可说明	CNAS-EC-001：2007	关于认证决定人员的定位
	CNAS-EC-005：2007	关于确保认证机构运作公正性的组织结构
	CNAS-EC-010：2007	关于产品认证中产品标准变更的相关要求的说明
	CNAS-EC-011：2007	关于有机产品认证业务范围的认可分类
	CNAS-EC-014：2007	有关获证组织档案数字化存储的说明
	CNAS-EC-016：2009	不予受理认证机构认可申请和暂停、撤销认证机构认可资格有关规定的说明
	CNAS-EC-022：2007	关于 CNAS-RC01：2006 认证机构认可规则相关要求的说明

评审内容主要涉及以下七个方面：

（1）认证过程和认证结果的符合性和有效性；

（2）质量管理体系的符合性、适宜性和有效性；

（3）管理评审和内审记录；

（4）认证人员能力评价记录；

（5）有效文件范围和使用；

（6）往年不符合项纠正或预防措施的验证以及持续改进情况；

（7）认证现场检查的见证评审。

评审结束时，评审组会对本次评审和评审结果加以总结，也会开具本次评审发现的不符合项并规定完成不符合项整改的时限。获认可认证机构要及时而有效地完成不符合项的整改。

能够通过 CNAS 的认可和评审，不但表明认证机构具备实施有机产品认证并进而向社会提供有机产品认证服务的能力，而且可以帮助认证机构及其认证委托人提高社会知名度和增强市场竞争力，更重要的是帮助认证机构及其认证委托人认识到自身在认证、生产、加工、经营活动和管理中的不足并利用持续改进机制不断完善和充实自己。因此，对于 CNAS 认可评审组的工作，认证机构及其认证人员首先要高度重视，不可马虎，同时，相关认证委托人及其有关人员也应给予密切配合。

3. 认证机构的认证范围

认证机构的认证范围，通常是指以下两种：

（1）批准范围：是指国家认监委对认证机构批准的业务范围；

（2）认可范围：是指 CNAS 对认证机构认可的能力范围或

业务范围。

批准范围和认可范围两者彼此未必完全覆盖对方,这是识别认证机构认证范围的时候需要注意的。

二、认证人员

1. 认证人员的分类

认证人员是认证机构的主要人员,可依不同的根据加以分类。

表 5-3 是根据认证人员专、兼职和认证程序对认证人员所做的分类。

表 5-3　认证人员的分类

分类根据	分类结果
专、兼职	专职认证人员
	兼职认证人员
认证程序	认证管理人员
	合同评审人员
	文件评审人员
	认证检查员
	复核人员
	认证决定人员

2. 认证检查员的注册资质

认证检查员的注册资质是指 CCAA 按照注册程序和标准对认证人员进行评价考核后注册的资质。注册标准是 CCAA 发布的《有机产品认证检查员注册准则》。该准则已有 3 个版本:第

1版，编号为CCAA-126，2005年7月6日发布；第2版，编号为CCAA-126-2，2012年3月21日发布；第3版，编号为CCAA-106，2015年4月13日发布，是现行有效版本。不同版本的CCAA《有机产品认证检查员注册准则》都包含注册要求和评价考核方法两方面内容，其中，个人素质、知识和能力是注册要求的核心，评价考核的重点。现以第3版CCAA《有机产品认证检查员注册准则》为例，简要介绍如下。

CCAA对认证检查员的注册专业分为种植、养殖、加工等三类，这与国家认监委和CNAS对认证机构批准和认可的业务范围大类一致。初次申请注册的认证人员可申请一至数个注册专业。注册后可申请扩展注册专业，通常称为扩项。

CCAA将认证检查员注册级别分为检查员和高级检查员两个级别。检查员注册遵循逐级晋升的原则。

CCAA对各级别检查员的个人素质的要求，包括：有道德、讲诚信，即公正、可靠、忠诚、诚实和谨慎；思想开明，即愿意考虑不同意见或观点；善于交往，即灵活地与人交往；善于观察，即主动地认识周围环境和活动；有感知力，即能本能地了解和理解环境；适应力强，即容易适应不同情况；坚忍不拔，即对实现目的坚持不懈；明断，即根据逻辑推理和分析及时得出结论；自立，即在同其他人交往中独立工作并发挥作用；健康，即身体健康状况良好并无传染性疾病。

对各级别检查员的行为规范的要求，包括：遵纪守法、敬业诚信、客观公正；努力提高个人的专业能力和声誉；帮助所管理的人员拓展其专业能力；不承担本人不能胜任的任务；不介入冲突或利益竞争，不向任何认证委托人或聘用机构隐瞒任何可能影响公正判断的关系；不讨论或不透露任何与工作任务相关的信息，除非应法律要求或得到认证委托人或聘用机构的书面授权；不接受认证委托人及其员工或任何利益相关方的任何贿赂、佣金、礼物或任何其他利益，也不应在知情时允许同事接受；不有意传播可能损害检查工作或人员注册过程的信誉的虚假或误导性信息；不以任何方式损害CCAA及其人员注册过程的声誉，与针对违背CCAA有机产品认证检查员注册准则的行为而进行的调查进行充分的合作；不向认证委托人提供相关咨询。

CCAA对各级别检查员的知识和能力的共同要求，可归纳为"五有四能"。"五有"包括：有有机农业和有机产品知识；有有机产品国家标准知识；有有机产品认证和检查知识；有有机产品认证相关法律法规知识；有有机产品认证检查的过程和方法方面的知识。"四能"包括：能按照认证方案要求，对有机产品生产加工过程与认证依据标准的符合性进行评价；能结合注册专业特点，识别有机产品生产加工过程中的关键活动并对其有效性进行评价；能根据认证依据标准，通过观察和判断，适当时结合测量、试验或估量，对认证委托人的质量管理体系的适宜性、充分性和有效性进行评价；能对认证委托人按规定要求提交的文件与其有机产品生产加工过程的一致性进行核实。

对于高级检查员的能力，CCAA还有额外要求，包括：对检查进行总体策划并在检查中有效地利用资源；代表检查组与认证委托人进行沟通；组织和指导检查组成员开展检查工作；领导检查组得出检查结论；预防和解决冲突；编制和完成检查报告；主持首、末次会议。

CCAA对申请注册人员的个人素质、知识和能力等方面的评价考核，采取CCAA和认证机构共同完成的工作机制，即认证机构按照其依据CCAA有机产品认证检查员注册准则在内的有关规定建立的认证人员能力评价系统先行评价考核，符合要求的再推荐给CCAA申请注册，CCAA收到认证机构的推荐意见以及规定的注册申请材料后，其注册管理人员和评价人员将对推荐意见和注册申请材料以及收集到的其他相关信息进行审定和评价，符合要求的批准注册，不符合要求的将通知认证机构或本人。

评价考核个人素质、知识和能力的主要依据是，申请注册人员的各种相关经历和认证机构出具的现场见证评价报告或专业能力持续合格评价报告。在申请注册人员相关经历中，教育经历、工作经历、专业工作经历和现场检查经历在检查员初注册、晋级、各级别检查员三年一次的再注册和各级别检查员扩项注册中都是有要求的。

（1）教育经历。CCAA规定申请注册人员应具有国家承认的、相关或相近专业大学专科或大学专科以上学历。表5-4为不同注册专业的相关和相近专业。

表 5-4 不同注册专业的相应和相近专业

注册专业	相应专业	相近专业
种植	作物栽培与耕作、作物遗传育种、土壤、植物学、植物科学与技术、植物病理、农学、果树、蔬菜、园艺、植物保护、茶学、食用菌、土壤与农业化学、园林、植物遗传育种学、农业技术推广、农业资源与环境、农业昆虫、植物检疫、植物生理与生物化学、农业生态和环境科学、植物营养、土壤与水、草业科学、林学、花卉学、种子科学与工程、设施农业科学与工程、农业微生物学	生物技术、生物科学、生物工程、生物化学、环境化学、环境科学、生态学、微生物学、应用化学、农药及农用化学制剂、农产品质量检测
养殖	昆虫、动物繁殖、动物遗传育种、兽医、寄生虫与寄生虫病、畜牧、兽医药学、动物医学、动物科学、动物生理与生物化学、蚕学、蜂学、动物学、动植物检疫、饲料与动物营养、水产养殖、捕捞、水生生物学、海洋渔业科学、渔业综合技术、淡水渔业、海水养殖、渔业资源与渔政管理、海洋生物资源与环境、水族科学与技术、饲料与动物营养	
加工	农产品加工及贮藏工程、食品科学与工程、食品质量与安全、食品营养与卫生、食品卫生、食品检验、冷藏加工、乳品加工、油脂加工、粮食工程、粮食加工与贮藏、茶叶加工、畜产品加工与贮藏、水产品加工及贮藏工程	

注：学科名称如有差异或发生变化，以教育部本科或研究生学科目录为准

（2）工作经历。工作经历是指申请注册人员取得学历后在负有判定责任的技术、专业或管理岗位上获得的全日制工作经历。其年限长短因学历和注册级别而异（表5-5）。

表 5-5 工作经历最低年限要求

注册级别	学历	工作经历最低年限/年
检查员	大学专科	6
	大学本科	4
	硕、博士研究生	2
高级检查员	—	8

（3）专业工作经历。CCAA 规定申请注册检查员的应具有

至少 2 年与注册专业相关的全职工作经历。专业工作经历包括：在相关产品的生产、加工组织中的技术、检验或质量管理工作经历；在相关产品的监管、检验机构中的技术、检验工作经历；在相关产品的科研、教学机构中的教学、研究工作经历；在具有食品、农产品认证相关业务的认证机构、培训机构和咨询机构中从事相应认证技术、培训教学、认证咨询工作经历。专业工作经历和工作经历可以同时发生。CCAA 规定：申请注册高级检查员的应具有有机产品认证检查员或 CCAA 其他食品、农产品认证检查员注册资格至少 2 年。

（4）现场检查经历。现场检查经历在检查员初注册、晋级、各级别检查员三年一次的再注册和各级别检查员扩项注册以及年度确认中有着不同的要求。CCAA 对不同情况下检查经历的要求，见表 5-6 检查经历要求一览表。

表 5-6　检查经历要求一览表

注册情况	适用范围	检查经历要求	备注
初注册	检查员	(1) 作为检查组见习人员，完成至少 6 次食品、农产品领域认证审核或认证检查经历； (2) 对于每个注册专业，完成至少 2 次有机产品认证检查经历	(1) 检查经历是对不同组织的初认证或再认证审核或检查经历，且在 CCAA 有效受理日前 3 年内获得； (2) 对于每个注册专业，获得现场见证合格的评价结论
	高级检查员	作为检查组组长，完成至少 6 次有机产品认证检查经历	(1) 检查经历是对不同组织的初认证或再认证检查经历且在 CCAA 有效受理日前 3 年内获得； (2) 获得组长能力见证合格的评价结论

续表

注册情况	适用范围	检查经历要求	备注
年度确认	各级别检查员	完成至少1次有机产品认证检查经历	不限专业
再注册	检查员	(1) 完成至少3次有机产品认证检查经历； (2) 对于每个注册专业，完成至少1次有机产品认证检查经历	(1) 检查经历是对不同组织的初认证或再认证检查经历； (2) 获得专业能力持续合格的评价结论
再注册	高级检查员	(1) 完成至少3次有机产品认证检查经历，其中包括至少1次担任检查组长的经历； (2) 对于每个注册专业，完成至少1次有机产品认证检查经历	(1) 检查经历是对不同组织的初认证或再认证检查经历； (2) 获得专业能力持续合格的评价结论
扩项注册	各级别检查员	完成至少2次与扩项专业一致的有机产品认证检查经历	(1) 检查经历是对不同组织的初认证或再认证检查经历； (2) 获得专业能力现场见证合格的评价结论

CCAA实行网上注册制度。申请注册人员在满足CCAA各种相关经历要求，获得认证机构出具的见证评价报告或专业能力持续合格评价报告，以及CCAA和认证机构其他有关个人素质、知识和能力要求，如检查员初注册时参加并通过CCAA组织的全国统一考试要求、检查员再注册以及高级检查员初注册和再注册时的继续教育和专业发展要求等后，就可以登录CCAA网站人员注册专区，进入认证人员注册与管理系统，以提交注册申请和上传相关证明文件，CCAA将启动受理、评价考核和批准注册程序。新注册人员登录网站人员注册专区后，

首先需要按照网站登录提示获取一个档案号，然后凭此档案号进入系统完成注册申请。进入系统后还可以查询注册进度、查看不符合项、进行网上支付注册费、修改个人信息等。系统也会通过注册人员在登录网站时录入的电子邮箱，自动反馈一些包括不符合项、网上支付和认证机构审批情况在内的重要注册信息以示提醒，注册人员应及时查看以免耽误注册。

CCAA有机产品认证检查员注册，仅表明注册人员具备了从事有机产品认证的个人素质和相应的知识与能力。例如，经CCAA注册的检查员，能够独自一人或作为检查组成员对认证委托人实施认证检查；CCAA注册的高级检查员，能够领导检查组对认证委托人实施认证检查或指导和帮助见习检查员完成其见习经历。CCAA保证注册制度和评价过程的科学性、有效性和完整性，而认证机构则负有认证人员选择、聘用、监督的主体责任。

三、认证机构和认证人员活动的程序要求和时限要求

1. 程序要求

认证机构和认证人员应当按照认证机构质量管理体系文件中的程序要求从事认证活动。程序不能增减，不能省略，不能遗漏，一般也不能简化。例如，认证程序中的文件评审，在再认证的情况下容许简化；但对于检查组而言，如前所述，为了对认证委托人的认证委托及其结果形成预判，还是不简化的好。

俗话说:一分耕耘,一分收获。

认证机构和认证人员活动的程序要求也包括不同程序有时不能由同一个或同一组认证人员实施的内容。例如,对一个认证委托人实施现场检查的认证人员不能同时又是决定是否给该认证委托人颁证的认证人员。又如,同一个认证检查员不能连续3年或3年以上对同一个认证委托人的同一个生产单元实施现场检查。

2. 时限要求

认证机构和认证人员活动的时限要求,原则上是及时和守时。有几种情况特别需要引起注意,涉及认证申请和受理、对不批准认证的申诉处理、认证机构对认证委托人的认证处罚、认证证书变更等问题。

(1)认证申请和受理活动的时限要求:是指认证机构自收到认证申请材料之日起10日内,必须完成材料审查,作出是否受理的决定,并以书面形式告知认证委托人。

(2)对不批准认证的申诉处理的时限要求:是指认证委托人如对认证决定有异议,可在10日内向认证机构申诉,认证机构自收到申诉之日起30日内必须处理并将处理结果以书面形式告知认证委托人。

(3)认证机构对认证委托人的认证处罚的时限要求:是指获证委托人存在需要撤销、暂停、注销认证证书的情况,认证机构须分别在7日内、15日内、30日内处理完毕并对外公布。

(4)认证证书变更的时限要求:是指获证产品在认证证书

有效期内，存在获证委托人的名称或者法人性质发生变化、产品种类和数量减少或其他需要变更认证证书的情况，获证委托人应自情况发生之日起 15 日内向认证机构提出认证证书变更申请，认证机构则必须自收到认证证书变更申请之日起 30 日内处理好变更事宜。

（5）认证信息通报的时限要求：是指认证机构按时向国家认监委报告认证信息的要求。具体要求见第七章认证信息通报制度和网上资源。

四、社会服务

认证机构和认证人员除做好认证业务外，还要积极参与到其他社会活动中来，参与到为社会提供包括普及有机产品认证相关法律法规知识、开展有机产品生产技术培训以及推动区域有机产业发展在内的服务中来。因为认证活动不是孤立的社会活动，它至少是认证委托人和广大消费者之间一座传递信任的桥梁。既是桥梁，则没有认证委托人的委托固然不行，而没有广大消费者的参与同样也是不行的。建立健全有机产品认证市场是全社会的共同责任，认证机构和认证人员责无旁贷。

1. 普及有机产品认证相关法律法规知识

认证机构首先应通过自己的网站，以通俗易懂、灵活多样的形式，对有机产品认证相关法律法规知识进行宣贯。随着全民教育水平的提高，这种方式的普及相信将有相当多的受众。

若配以图片和视频,则效果会更好。

另外一种普及方式是借助于各种产品展销会或博览会,通过海报、宣传单、展板、现场讲解、编制宣传小册子等媒介或方法进行宣传。在这种场合,也可以展示有机产品实物,展示三证一标,以收形象具体、印象深刻之效。

在一定的场合如学校和科研单位,还可以通过举办专题讲座、组织知识问答竞赛等方式进行宣贯。如果有媒体参与,则受众和影响更广泛。

最好的方式是在有条件的地方,认证机构和认证委托人共同组织有消费者代表参加的现场观摩会。现场可以是生产基地、养殖场或加工厂。让消费者代表看到有机产品是在怎样的制度约束下生产加工出来的,让消费者代表看一看有机产品生产加工经营活动和管理记录,让消费者代表亲自操作一下有机码是如何使用的。这种方式本质上是消费者"过桥"以后和认证委托人及其人员面对面的沟通交流,获得的知识将更加感性,值得花力气去做。

普及知识的重点在于对国家有机产品认证制度的框架结构有基本了解,在于对有些基本概念和基本知识如有机产品、有机产品认证、三证一标、有机码、认证目录、认证程序、产品质量、食品安全等有初步认识。内容以《中华人民共和国产品质量法》、《中华人民共和国农产品质量安全法》、《中华人民共和国食品安全法》、《中华人民共和国认证认可条例》、《有机产品认证管理办法》以及《有机产品认证实施规则》的有关规定和要求为主。

2. 开展有机产品生产技术培训

认证机构应当组织或参与有机产品生产技术培训活动。培训内容可以是有机农业发展历史和现状，有机农业的基本思想和理念，有机农业与传统农业、石油农业、生态农业等常规农业的关系，有机产品生产加工关键控制点以及合规的技术措施，国际有机产品生产技术发展状况，等等。核心是用分析和比较的方法使学员了解有机产品各领域——植物类、畜禽类、水产类、加工类——生产的关键技术、可取的传统技术以及合规的新技术、新方法、新材料和新能源；具体内容视认证机构和认证人员在这方面的知识储备和组织能力以及对社会公益的热心程度而定。

由于有机产品生产加工经营活动的管理问题很重要，所以这方面的解释和说明也应成为有机产品生产技术培训的内容之一。没有合理的管理方法，再好的技术措施也不能落实到位。从以往经验可知，小微型认证企业或涉及小农户的认证企业管理问题比较突出，应作为管理技术培训的重点。

有机产品生产技术培训方法可以采取多种形式。从培训对象看，可以是获证委托人、有认证意向的认证委托人、非认证委托人等的培训。获证委托人可以是其管理层——特别是有机产品生产加工经营的管理者和内部检查员——或一线生产和管理人员。非认证委托人可以是学生、教师、科研人员、热心于有机农业的社会人士；在这种情况下，由于学员的知识和专业背景之故，培训可能会收到意想不到的效果，培训会有可能开成将问题引入深入的专题研讨会。

有机产品生产技术培训不一定非要在室内举办。有条件的认证机构和认证人员可以采取走出去的办法，将有机产品生产技术的基本知识带到田间地头、大棚、果园、牧场、猪场、牛场、鸡场、池塘、车间等，传授给农民、菜农、果农、牧民、林场工人、养殖场和加工厂的一线员工。采取这种培训办法，不但可以提升有机产品生产加工基础员工的技术水平，而且也可以增加认证人员生产方面的感性认识以及在任何课堂或培训班上学不到的技术知识。

技术培训可以是定期的，也可以是不定期的。可以是综合性的，也可以是专题性的。就某个生产和管理技术问题举办专题培训，认证机构须制订中、长期培训计划，然后按照培训计划做好准备，一步一步地落实和展开。

3. 推动区域有机产业发展

随着国家生态环境保护工作的深入开展以及广大消费者食品安全意识的日益增加，以有机产品生产为核心内容的区域产业发展问题便摆在了各级政府和涉农企业的面前。已经启动并实施的区域有机产业发展计划如国家层面上的有机产品认证国家示范区县的创建活动，如有的地方政府推出的有机农业综合示范基地的建设活动。现在，甚至连乡镇一级的政府部门也对这个问题表示有兴趣。

在这个背景下，认证机构能做些什么贡献呢？或者说，认证机构在推动区域有机产业发展中的作用是什么？

良好的区域有机产业发展计划，需要许多相关政府部门和经济实体的参与和协调，需要许多人力和物力资源的调配和重组，需要相关扶持性政策的制定和出台，是一个宏观的集政治、经济和社会发展为一体的综合性活动。认证机构显然不能是它的司令部，也不能是它的后勤部，但是它可以作为参谋部的一员来帮助处理好以下三个问题或三个关系。它们是：有机生产和有机加工的关系；有机种植业和有机养殖业的关系；有机生产加工和产业链上其他环节的关系。

（1）有机生产和有机加工的关系。之所以提出这个问题，就是因为有机加工的绝大部分配料必须来自有机生产体系。没有机种植、养殖、水产方面提供原料，有机加工便很难作为区域有机产业发展体系中的一个有机的而非临时拼凑的组成成分而存在。因此，在处理有机生产和有机加工的关系问题上，必须始终把有机生产放在基础地位上加以考虑。有机加工的产品种类和数量首先要看区域内有机生产基地的情况。

（2）有机种植业和有机养殖业的关系。也就是动物性肥源和植物性饲料之间的关系问题。在有机植物生产需要补充的肥料如粪肥、饼肥、绿肥、堆肥等中，粪肥通常都是必要的肥种。未经腐熟的动物粪便经常也是制作堆肥的材料。在另一方面，有机动物（畜禽）生产所需的主要饲料如粗饲料、青绿饲料、青贮饲料、能量饲料、植物性蛋白质饲料等都是种出来的。因此，有机种植和有机养殖由于动植物营养供给关系之故而有着天然的联系，这在制订和实施区域有机产业发展计划时不能不加以考察。有人说："解决了有机饲料的供应问题，有机畜禽生产就成功了一半。"这是从有机养殖对有机种植的依赖上说的，一点儿也不过分。同样，没有区域内有机养殖生产基地以及常规养殖生产基地的建设和发展，有机种植业发展后劲也会不足。

在处理有机种植业和有机养殖业的关系时，还有一个数量关系或比例问题需要解决。例如，在有的地方，一亩耕地所产饲料可养活一头猪或两至三只羊；如果区域内有机猪场或有机羊场计划养10 000头猪或25 000只羊，则需要10 000亩耕地，其中至少有5000亩必须是有机耕地。同样，有机种植面积占整个区域内种植面积的比例也必须加以考量。换句话说，有机种植和常规种植应当有一定的比例。将区域内全部或一多半耕地都发展成为有机种植基地是不可能的，主要是肥源问题；同时，也是不现实的，应当允许其他可持续种植体系或方法的存在、探索和发展。

（3）有机生产加工和产业链上其他环节的关系。在考虑区域有机产业发展问题上，最后一个关系是有机生产或加工和产业链上其他环节如仓储业、运输业、销售业等的关系。从以往经验看，凡是在生产加工后续环节上做得好的认证企业，其从事有机生产加工的积极性就比较高。这个经验同样适用于一个区域内有机产业的布局和发展。没有物流业的强大支撑，区域有机产业发展同样缺乏后劲。因为有人卖和买得上，从而拉动和繁荣地方经济，才是发展区域有机产业的根本出发点。

第六章

认证监管

一、认证监管部门

负有认证监管职责的部门有国家认监委和地方认证监管部门。其中,地方认证监管部门又包括地方各级质量技术监督部门和各地出入境检验检疫机构。

国家认监委从国家层面和认证制度上实施认证监管工作,主要包括:

(1) 全国有机产品认证的统一管理、监督和综合协调工作;

(2) 制定、调整和公布有机产品认证目录;

(3) 制定、调整和公布有机产品认证实施规则;

(4) 制定有机转换认证证书和有机产品认证证书的基本格式和编号规则;

(5) 制定有机产品销售证书的格式;

(6) 制定有机产品认证标志的式样和编号规则;

(7) 组织开展有机产品认证国际合作;

(8) 受理向中国出口有机产品的国家或者地区的有机产品

主管机构向其提出的有机产品认证体系等效性评估申请并组织有关专家对提交的申请进行评估，评估后认为有等效性的可与其主管部门签署相关备忘录；

（9）接受认证机构自对进口有机产品认证委托人出具有机产品认证证书起30日内向其提交的备案材料；

（10）对有机产品认证活动组织实施监督检查和不定期的专项监督检查；

（11）通过信息系统定期公布有机产品认证动态信息；

（12）受理并处理对认证机构认证结论或处理决定有异议的认证委托人的申诉；

（13）调查处理任何单位和个人对有机产品认证活动中的违法行为的举报并为举报人保密；

（14）根据国家有关部门发布的动植物疫情、环境污染风险预警等信息，以及监督检查、消费者投诉举报、媒体反映等情况，及时发布关于有机产品认证区域、获证产品及其认证委托人、认证机构的认证风险预警信息，并采取相关应对措施。

地方认证监管部门按照职责分工，依法负责所辖区域内有机产品认证活动的监督检查和行政执法工作，其中监督检查的对象和方法见第四章认证委托人须知。

地方认证监管部门同样可以调查处理任何单位和个人对有机产品认证活动中的违法行为的举报；可以根据有关情况发布认证风险预警信息并采取相关应对措施。

地方各级质量技术监督部门负责对中资认证机构、在境内生产加工且在境内销售的有机产品认证、生产、加工、销售活动的监督检查。

各地出入境检验检疫机构负责对外资认证机构、进口有机产品认证和销售，以及出口有机产品认证、生产、加工、销售活动的监督检查；负责对申报的进口有机产品实施入境验证，查验认证证书复印件、有机产品销售证复印件、认证标志和产品标识等文件，核对货证是否相符，必要时，可以对申报的进口有机产品实施监督抽样检验，验证其产品质量是否符合中国有机产品国家标准的要求。

认证监管当然不仅仅是认证监管部门的事。CNAS、CCAA、消费者协会、社会媒体、广大消费者等任何个人和组织，都有权力和责任从不同方面、采取不同形式对认证委托人、认证机构以及认证人员的活动和活动结果进行监督。社会公众的参与，有利于认证市场健康发展。

二、对认证活动中违法违规行为的处罚

国家对有机产品认证活动中违法违规行为的处罚，主要涉及有机标识和三证一标的问题，处罚力度从予以警告、对外公布、责令改正、责令限期改正、罚款、没收违法所得、责令停业整顿、撤销批准文件、吊销营业执照到追究刑事责任不等。行政政法部门包括国家认监委、地方认证监管部门和工商行政管理部门，其中地方认证监管部门是主要的行政政法部门。在

构成犯罪的场合,需要公检法介入。

国家对有机产品认证活动中违法违规行为的处罚包括但不限于表 6-1 所列情形。

表 6-1 对有机产品认证活动中违法违规行为的处罚列表

序号	违法违规行为	处罚
1	伪造、冒用、非法买卖认证标志	责令改正,没收违法生产、销售的产品,并处违法生产、销售产品货值金额等值以下的罚款;有违法所得的,并处没收违法所得;情节严重的,吊销营业执照;构成犯罪的,依法追究刑事责任
2	伪造、变造、冒用、非法买卖、转让、涂改认证证书	责令改正,处 3 万元罚款
3	认证机构在其出具的认证证书上自行编制认证证书编号	责令改正,处 3 万元罚款
4	认证机构向不符合有机产品生产产地环境要求区域的认证委托人出具认证证书	责令改正,处 3 万元罚款;有违法所得的,没收违法所得
5	认证机构向有机产品认证目录外产品的认证委托人出具认证证书	责令改正,处 3 万元罚款;有违法所得的,没收违法所得
6	未获得认证的认证委托人在其产品或产品最小销售包装和标签上标注含有"有机"或"ORGANIC"等字样且可能误导公众认为该产品是有机产品的文字表述和图案	责令改正,处 3 万元以下罚款
7	获证产品在认证证书标明的生产加工场地外进行了再次加工或分装分割而在再次加工或分装分割产品或其最小销售包装和标签上标注含有"有机"或"ORGANIC"等字样且可能误导公众认为该产品是有机产品的文字表述和图案	责令改正,处 3 万元以下罚款
8	认证机构发放认证标志之前未将认证标志和有机码的相关信息上传到国家认监委确定的信息系统	责令改正,予以警告,并对外公布

续表

序号	违法违规行为	处罚
9	认证机构在实施现场检查前5日内未上传基本认证信息至国家认监委确定的信息系统或上传信息失实	责令改正,予以警告,并对外公布
10	认证机构自对进口有机产品认证委托人出具有机产品认证证书起30日内未向国家认监委提交其规定的书面材料备案	责令改正,予以警告,并对外公布
11	认证机构发放的有机产品销售证书上的产品数量超过认证委托人生产加工的产品实际数量	责令改正,处1万元以上3万元以下罚款
12	认证机构对有机配料含量<95%的加工产品进行认证	责令改正,处3万元以下罚款
13	认证机构未及时暂停或者撤销认证证书并对外公布	责令改正,处5万元以上20万元以下的罚款,有违法所得的,没收违法所得;情节严重的,责令停业整顿,直至撤销批准文件,并予公布
14	认证委托人的有机配料含量≥95%的加工产品未获得认证而在产品或产品包装或标签上标注"有机"或"ORGANIC"字样和加施认证标志	责令改正,处1万元以上3万元以下罚款
15	认证委托人未在认证证书限定的产品范围和数量内使用认证标志	责令改正,处1万元以上3万元以下罚款
16	认证委托人未在获证产品或产品最小销售包装上同时加施认证标志、有机码和认证机构名称或标识	责令改正,处1万元以上3万元以下罚款
17	认证委托人在获证产品标签和说明书以及广告宣传等材料上印制的认证标志变形变色	责令改正,处1万元以上3万元以下罚款
18	认证委托人在认证证书暂停期间或者被注销和撤销后继续使用认证证书和认证标志	责令改正,处1万元以上3万元以下罚款
19	认证机构和获证委托人拒绝接受认证监管部门监督检查	责令限期改正;逾期未改正的,处3万元以下罚款

续表

序号	违法违规行为	处罚
20	进口有机产品入境检验检疫时不如实提供进口有机产品真实情况,取得出入境检验检疫机构的有关证单,或者对法定检验的有机产品不予报检和逃避检验	没收违法所得,并处商品货值金额5%以上20%以下罚款;构成犯罪的,依法追究刑事责任

在表6-1中,关于伪造、冒用、非法买卖认证标志的处罚是基于以下两个法律条文的合并。一是《中华人民共和国产品质量法》(中华人民共和国主席令第三十三号)第五十三条:"伪造产品产地的,伪造或者冒用他人厂名、厂址的,伪造或者冒用认证标志等质量标志的,责令改正,没收违法生产、销售的产品,并处违法生产、销售产品货值金额等值以下的罚款;有违法所得的,并处没收违法所得;情节严重的,吊销营业执照。"二是《中华人民共和国进出口商品检验法》(中华人民共和国主席令第六十七号)第三十六条:"伪造、变造、买卖或者盗窃商检单证、印章、标志、封识、质量认证标志的,依法追究刑事责任;尚不够刑事处罚的,由商检机构责令改正,没收违法所得,并处货值金额等值以下的罚款。"不同执法部门可视具体情况参照原条文行使执法权力。

第七章

认证信息通报制度和网上资源

一、认证信息通报制度

认证信息通报制度是国家实行统一的有机产品认证制度的重要内容。建立、维护和使用认证信息通报渠道,不但有助于认证机构及时掌握认证委托人及其产品生产加工经营过程的基本信息,而且有利于认证监管部门对认证机构认证活动和管理实施监督,同时有助于社会公众对获证委托人及其产品进行查询。这是一个系统工程,需要各相关方密切配合,以保证通报渠道畅通,通报信息准确。

1. 从认证委托人到认证机构

认证委托人是认证信息通报的源头。然而认证机构应负起建立和维护从认证委托人到认证机构信息通报渠道的责任。认证机构可以通过电话、传真或自己的网站建立一个认证信息通报系统,包括认证信息的输入、接受、确认、处理、反馈等组成部分。在自己的网站建立认证信息通报系统方面,国家认监委已经做了良好的示范,认证机构可资借鉴。

认证委托人向认证机构通报的信息主要包括以下内容：

（1）法律地位、生产加工经营状况、组织状态或所有权变更；

（2）管理层和联系地址变更；

（3）质量管理体系和生产加工经营过程或场地场所变更；

（4）生产加工经营场地场所周围发生重大动植物疫情或环境污染；

（5）生产加工经营中发生的产品质量安全重要信息如相关部门抽查发现存在严重质量安全问题或消费者重大投诉等；

（6）因违反国家农产品食品安全管理相关法律法规而受到处罚；

（7）采购的原料或产品存在不符合认证依据要求；

（8）不合格产品召回及处理信息；

（9）销售证书使用和产品核销情况。

认证委托人有义务将以上信息及时报告认证机构。由于这种义务是认证合同的一部分内容，因此不履行此义务的认证委托人即是违反了认证合同要求，认证机构对此有权依据认证合同有关条款给予认证处罚。

2. 从认证机构到国家认监委

国家认监委在自己的网站建立并维护的中国食品农产品认证信息系统，是认证委托人、认证机构、地方认证监管部门和社会公众准确了解有机产品认证信息的共同渠道，同时也是认证机构使用其用户名和密码登录而将有关认证信息及时报告给国家认监委的有效途径。

认证机构通过中国食品农产品认证信息系统向国家认监委报告的认证信息和时限要求有以下四种情况：

（1）至少在现场检查前5日报告有关现场检查计划的基本信息，包括认证委托人的名称、地址、联系方式、组织机构代码证，委托认证的产品名称，现场检查的时间，现场检查组的成员等；

（2）在10日内将其暂停或撤销认证证书的获证委托人的名单以及暂停或撤销原因等报告；

（3）在出具认证证书之前报告认证相关信息并获取认证证书编号；

（4）在发放认证标志之前报告认证标志和有机码的相关信息。

按照认证信息通报制度，认证机构在获知获证委托人发生产品质量安全事故后要及时将相关信息向国家认监委和获证委托人所在地的地方认证监管部门通报，并于每年3月底之前将上一年度认证工作报告报送国家认监委。认证机构报送的认证工作报告其内容至少包括颁证数量、获证产品质量分析、暂停和撤销认证证书清单及原因分析以及履行社会责任情况等。

3. 从国家认监委到地方认证监管部门和社会公众

地方认证监管部门可使用其用户名和密码登录中国食品农产品认证信息系统，以掌握认证机构有关现场检查计划的基本信息；若有异议，至少在现场检查前2日提出，认证机构与之沟

第七章 认证信息通报制度和网上资源

通并协调一致后方可实施现场检查。

社会公众登录中国食品农产品认证信息系统后可查询认证委托人的名称、地址和联系方式以及认证产品、数量和生产加工经营场地场所等认证信息。

图 7-1 是认证信息通报制度中信息流向示意图。

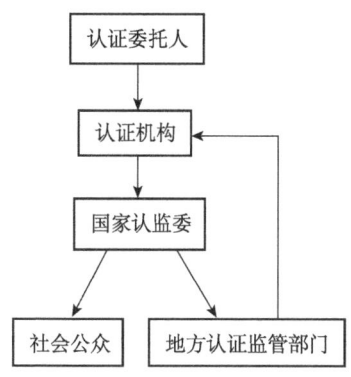

图 7-1　认证信息通报制度中信息流向示意图

二、网上资源

在认证活动中，利用信息技术的目的通常是为了查找、获取、处理和交流信息，主要包括利用网上资源和常用办公软件如文字处理器、制表作图软件、演示软件等。

查找和获取认证活动的网上资源虽然可以通过浏览器上的搜索引擎实现，但是为了节省时间和获得准确信息，还是登录或浏览一些有用的网站或网页比较好。建立这些网站或网页的相关组织机构包括政府部门、认证机构和认证企业，也还包括一些比较专门的组织机构如 CNAS 和 CCAA 等。

在政府部门建立的相关网站或网页中，国家认监委网站是密切相关的网站。在这里不但可以了解国家有关认证认可的政策，而且可以获取相关法规标准，更重要的是通过它的两个网页——中国食品农产品认证信息系统和国家认监委统一查询系统 V1.0——任何人都可以查询认证机构、认证企业和认证人员的基本信息。中国食品农产品认证信息系统也是实行认证信息通报制度的有效途径。此外，关系比较密切的还有国家质检总局及其直属出入境检验检疫局以及各省质量技术监督局的网站。

在其他政府部门如环境保护部、农业部、国家卫生和计划生育委员会等的网站，可以了解和获取有机产品国家标准引用标准以及其他重要信息如无公害农产品检测项目、兽药休药期的规定等。

认证机构都建有自己的网站，但认证企业不一定都有自己的网站或网页。

登录比较专门的组织机构如 CNAS 网站，可以了解有关认证机构以及其他组织机构认可方面的政策、法规、规范等方面的知识，也可以查找获认可认证机构以及其他组织机构的基本信息，还可以查询认证企业的基本信息。CCAA 网站主要是针对认证人员注册和继续教育的，也包含行业自律的信息，认证机构和认证人员经常会用到它。

所有相关网站都可以通过利用搜索引擎、输入组织机构名称登录,也可以通过超文本链接登录。表 7-1 是一些重要的相关组织机构的名称和网址。

表 7-1 一些重要的相关组织机构的名称和网址

组织机构名称	网址
国家认监委	http://www.cnca.gov.cn
中国食品农产品认证信息系统	http://www.cnca.gov.cn/ywzl/rz/spncp
国家认监委统一查询系统 V1.0	http://www.cnca.gov.cn/rjw
国家质检总局	http://www.aqsiq.gov.cn
环境保护部	http://www.zhb.gov.cn
农业部	http://www.moa.gov.cn
国家卫生和计划生育委员会	http://www.nhfpc.gov.cn
中国合格评定国家认可委员会	http://www.cnas.org.cn
中国认证认可协会	http://www.ccaa.org.cn

此外,利用各种软件进行信息交流工作,也是利用网上资源的一个重要方面。

参 考 文 献

曹志平, 乔玉辉. 2009. 有机农业. 北京: 化学工业出版社.

陈企村. 2008. 小麦品种单种和混种产量及条锈病发生程度的比较研究. 西北农林科技大学博士学位论文.

陈声明, 陆国权. 2006. 有机农业与食品安全. 北京: 化学工业出版社.

单吉堃. 2008. 有机农业发展的制度分析. 北京: 中国农业大学出版社.

高振宁, 赵克强, 肖兴基, 等. 2009. 有机农业与有机产品. 北京: 中国环境科学出版社.

黄国勤. 2008. 有机农业: 理论、模式与技术. 北京: 中国农业出版社.

李花粉, 乔玉辉, 孟凡乔. 2010. 国际有机农业标准汇编. 北京: 中国农业大学出版社.

骆世明. 2009. 生态农业的模式与技术. 北京: 化学工业出版社.

席运官, 钦佩. 2002. 有机农业生态工程. 北京: 化学工业出版社.

周龙根, 张光伟, 钱峰. 2013. 有机食品150问. 杭州: 浙江大学出版社.

Browning J A, Frey K J. 1969. Multiline cultivars as a means of disease control. Annu Rev Phytopathol, 7: 355-382.

Jensen N F. 1952. Intra-varietal diversification in oat breeding. Agronomy J, 44: 50-54.

Mundt C C. 2002. Use of multiline cultivars and cultivar mixtures for disease management. Annu Rev Phytopathol, 40: 381-410.

Smithson J B, Lenne J M. 1996. Varietal mixtures: a viable strategy for sustainable productivity in subsistence agricultures. Ann Appl Biol, 128: 127-158.

Wolfe M S. 1985. The current status and prospects of multiline cultivars and variety mixtures for disease resistance. Annu Rev Phytopathol, 23: 251-273.

Wolfe M S. 2000. Crop strength through diversity. Nature, 406: 681-682.

Wolfe M S, Barret J A. 1980. Can we lead the pathogen astray? Plant Dis, 64: 148-155.

附　　录

附录Ⅰ　有机产品认证目录：小类覆盖产品范围[①]

小类统一序号和名称	小类覆盖产品范围
1. 小麦	小麦
2. 玉米	玉米、鲜食玉米、糯玉米
3. 水稻	稻谷
4. 谷子	谷子
5. 高粱	高粱
6. 大麦	大麦、酿酒大麦、饲料大麦、青稞
7. 燕麦	莜麦、燕麦
8. 杂粮	黍、粟、苡仁、荞麦、糜子、苦荞麦、藜麦、花豆、泥豆、鹰嘴豆、饭豆、小扁豆、羽扇豆、瓜尔豆、利马豆、木豆、红豆、绿豆、青豆、黑豆、褐红豆、油莎豆、芸豆
9. 薯芋类	马铃薯、木薯、甘薯、山药、葛类、芋、魔芋
10. 豆类蔬菜	蚕豆、菜用大豆、豌豆、菜豆、刀豆、扁豆、长豇豆、黎豆、四棱豆
11. 瓜类蔬菜	黄瓜、冬瓜、丝瓜、西葫芦、节瓜、菜瓜、笋瓜、越瓜、瓠瓜、苦瓜、中国南瓜、佛手瓜、蛇瓜
12. 白菜类蔬菜	白菜、菜薹
13. 绿叶蔬菜	散叶莴苣、莴笋、苋菜、茼蒿、菠菜、芹菜、苦菜、菊苣、苦苣、芦蒿、蕹菜、苜蓿、紫背天葵、罗勒、荆芥、乌塌菜、荠菜、茴香、芸薹、叶荟菜、猪毛菜、寒菜、番杏、灰灰菜、榆钱菠菜、木耳菜、落葵、紫苏、莳萝、芫荽、水晶菜、菊花脑、珍珠菜、养心菜、帝王菜、芦荟、海蓬子、碱蓬、冰菜

[①]　根据国家认监委 2012 年 2 号和 21 号、2014 年 24 号以及 2015 年 21 号公告编制。

续表

小类统一序号和名称	小类覆盖产品范围
14. 新鲜根菜类蔬菜	芜菁、萝卜、牛蒡、芦笋、甜菜、胡萝卜、鱼腥草
15. 新鲜甘蓝类蔬菜	芥蓝、甘蓝、花菜
16. 新鲜芥菜类蔬菜	芥菜
17. 新鲜茄果类蔬菜	辣椒、西红柿、秋葵、茄子、人参果
18. 新鲜葱蒜类蔬菜	葱、韭菜、蒜、姜、圆葱
19. 新鲜多年生蔬菜	笋、鲜百合、金针菜、黄花菜、朝鲜蓟、香椿、辣木、沙葱、荨麻、椒蒿
20. 新鲜水生类蔬菜	莲藕、茭白、荸荠、菱角、水芹、慈菇、豆瓣菜、莼菜、芡实、蒲菜、水芋、水雍菜、莲子
21. 新鲜芽苗类蔬菜	苗菜、芽菜
22. 食用菌类	菇类、木耳、银耳、块菌类、北虫草
23. 柑橘类	桔、橘、柑类
24. 甜橙类	橙
25. 柚类	柚
26. 柠檬类	柠檬
27. 葡萄类	鲜食葡萄、酿酒葡萄
28. 瓜类	西瓜、甜瓜、厚皮甜瓜、木瓜
29. 苹果	苹果、沙果、海棠果
30. 梨	梨
31. 桃	桃
32. 枣	枣
33. 杏	杏
34. 其他水果	梅、杨梅、草莓、黑豆果、橄榄、樱桃、李子、猕猴桃、香蕉、椰子、菠萝、芒果、番石榴、荔枝、龙眼、杨桃、菠萝蜜、火龙果、红毛丹、西番莲、莲雾、面包果、榴莲、山竹、海枣、柿、枇杷、石榴、桑葚、酸浆、沙棘、山楂、无花果、蓝莓、黑莓、树莓、高钙果、越橘、黑加仑、雪莲果、诺尼果、黑果腺肋花楸
35. 核桃	核桃
36. 板栗	板栗
37. 其他坚果	榛子、瓜籽、杏仁、咖啡、椰子、银杏果、芡实（米）、腰果、槟榔、开心果、巴旦木果、香榧、苦槠果、栲蒌
38. 大豆	大豆
39. 其他油料作物	油菜籽、芝麻、花生、茶籽、葵花籽、红花籽、油棕果、亚麻籽、南瓜籽、月见草籽、大麻籽、玫瑰果、琉璃苣籽、苜蓿籽、紫苏籽、翅果油树、青刺果、线麻、南美油藤

续表

小类统一序号和名称	小类覆盖产品范围
40. 花卉	菊花、木槿花、芙蓉花、海棠花、百合花、茶花、茉莉花、玉兰花、白兰花、栀子花、桂花、丁香花、玫瑰花、月季花、桃花、米兰花、珠兰花、芦荟、牡丹、芍药、牵牛、麦冬、鸡冠花、凤仙花、百合、贝母、金银花、荷花、藿香蓟、水仙花、腊梅、霸王花、紫藤花、金花葵
41. 香辛料作物产品	花椒、青花椒、胡椒、月桂、肉桂、丁香、众香子、香荚兰豆、肉豆蔻、陈皮、百里香、迷迭香、八角茴香、球茎茴香、孜然、小茴香、甘草、啤酒花、枯茗、薄荷、姜黄、红椒、藏红花、芝麻菜、山葵、辣根、草果、甘菊、神香草、猫薄荷
42. 制糖植物	甘蔗、甜菜、甜叶菊
43. 青饲料植物	苜蓿、黑麦草、芜菁、青贮玉米、绿萍、红萍、羊草、皇竹草、甜象草
44. 纺织用的植物原料	棉、麻、桑、竹
45. 调香的植物	香水莲、熏衣草、迷迭香、柠檬香茅、柠檬马鞭草、藿香、鼠尾草、小地榆、天竺葵、紫丁香、艾草、佛手柑
46. 野生采集的植物	蕨菜、刺嫩芽、猫瓜子、猴腿、广东菜、叶芹菜、山核桃、松子等、沙棘、蓝莓等、羊肚菌、松茸、牛肝菌、鸡油菌等、板蓝根、月见草、蒲公英、红花、贝母、灰树花、当归、葛根、石耳等、榛蘑、草蘑、松蘑、栗蘑、红蘑、小麦草、塔花、水飞蓟、益母草、茯苓、高良姜、接骨木、藜、天门冬、积雪草、蔓荆子、独活、葫芦巴、苦橙、缬草、车前草、远志
47. 茶	茶
48. 种子与繁殖材料	种子、繁殖材料（仅限本目录列出的植物类种子及繁殖材料）
49. 植物类中药	三七、大黄、婆罗门参、人参、西洋参、土贝母、黄连、板蓝根、黄芩、菟丝子、牛蒡根、地黄、桔梗、槲寄生、钩藤、通草、土荆皮、白鲜皮、肉桂、杜仲、牡丹皮、五加皮、银杏叶、石韦、石南叶、枇杷叶、苦丁茶、柿子叶、罗布麻、枸骨叶、合欢花、红花、辛夷、鸡冠花、洋金花、藏红花、金银花、大草蔻、山楂、女贞子、山茱萸、五味子、巴豆、牛蒡子、红豆蔻、川楝子、沙棘、大蓟、广藿香、小蓟、马鞭草、龙葵、长春花、仙鹤草、白英、补骨脂、羊栖菜、海蒿子、冬虫夏草、茯苓、灵芝、石斛、除虫菊、甘草、罗汉果、巴戟天、黄荆、何首乌、川芎、天麻、厚朴、柴胡、莞香、苁蓉、锁阳、蝉花、玛咖、玉竹、连翘、金线莲、绞股蓝、当归、丹参、萝芙木、黄芪、扯根菜、黄精、巴拉圭冬青、苦参、荨麻、牛大力

续表

小类统一序号和名称	小类覆盖产品范围
50. 肉牛（头）	肉牛
51. 奶牛（头）	奶牛
52. 乳肉兼用牛（头）	乳肉兼用牛
53. 绵羊（头）	绵羊
54. 山羊（头）	山羊
55. 马（头）	马
56. 驴（头）	驴
57. 猪（头）	猪
58. 鸡（只）	鸡
59. 鸭（只）	鸭
60. 鹅（只）	鹅
61. 其他动物（头/只）	兔、羊驼、鹌鹑、火鸡、鹿、蚕、鸸鹋、骆驼、鸵鸟
62. 牛乳	牛乳
63. 羊乳	羊乳
64. 马乳	马乳
65. 其他动物产品	驴奶、骆驼奶
66. 鸡蛋（枚）	鸡蛋
67. 鸭蛋（枚）	鸭蛋
68. 其他禽蛋（枚）	鹌鹑蛋、鸵鸟蛋、鹅蛋
69. 动物副产品	毛、绒、蚕蛹、蚕茧
70. 海水鱼（尾）	文昌鱼、鳗、鲱鱼、鲇鱼、鲑、鳕鱼、鲉、鲈、黄鱼、鲷、鳗鲡、鲷、鮠、鲈鱼、鲆、鲽鱼、鳟
71. 淡水鱼（尾）	青鱼、草鱼、鲢鱼、鳙鱼、鲤鱼、鳜鱼、鲟鱼、鲫鱼、鲶鱼、鲌鱼、黄鳝、鳊鱼、罗非鱼、鲂鱼、鲷鱼、乌鳢、鲳鱼、鳗鲡、鳜鱼、鲮鱼、鮰鱼、鳇鱼、鲇鱼、梭鱼、餐条鱼、狗鱼、雅罗鱼、池沼公鱼、武昌鱼、黄颡鱼、泥鳅、亚东鱼（鲑）、银鱼
72. 虾类（吨）	虾
73. 蟹类（只）	绒螯蟹、三疣梭子蟹、红螯相手蟹、锯缘青蟹
74. 无脊椎动物	牡蛎、鲍、螺、蛤类、蚶、河蚬、蛏、西施舌、蛤蜊、河蚌、海蜇、海参、卤虫、环刺螠、海胆、扇贝
75. 鳖（只）	鳖
76. 海藻和海草类	海带、紫菜、裙带菜、麒麟菜、江蓠、羊栖菜、海苔、螺旋藻、蛋白核子球藻
77. 冷鲜肉	猪、牛、羊、鸭、鸡、鹅、鹿、驴、兔、鸵鸟

续表

小类统一序号和名称	小类覆盖产品范围
78. 加工肉制品和可食用屠宰副产品	肉制品（以目录50－60类中动物为原料加工的制品）、可食用屠宰副产品（目录50－61类中动物内脏、骨骼、血、皮、油脂及其制品）
79. 冷鲜鱼	文昌鱼、鳗鱼、鲱鱼、鲇鱼、鲑鱼、鳕鱼、鲉鱼、鲈鱼、黄鱼、鲷鱼、鳗鲡、鲷鱼、鲀鱼、鲈鱼、鲆鱼、鲽鱼、鳟鱼、青鱼、草鱼、鲢鱼、鳙鱼、鲤鱼、鳜鱼、鲟鱼、鲫鱼、鲶鱼、鲌鱼、黄鳝、鳊鱼、罗非鱼、鲂鱼、鲴鱼、乌鳢、鲳鱼、鳗鲡、鳜鱼、鲮鱼、鲴鱼、鮸鱼、鲇鱼、梭鱼
80. 加工鱼制品	加工鱼制品
81. 其他水产加工制品（包括海草类）	海参、海胆、扇贝、小龙虾、海带、紫菜、裙带菜、麒麟菜、江蓠、羊栖菜、海苔、螺旋藻（粉/片）、鲍鱼、虾
82. 冷冻蔬菜	速冻蔬菜
83. 保藏蔬菜	保藏蔬菜
84. 腌渍蔬菜	盐渍菜、糖渍菜、醋渍菜、酱渍菜
85. 脱水蔬菜	蔬菜干制品
86. 蔬菜罐头	蔬菜罐头
87. 果汁（浆）	果汁、果浆
88. 蔬菜汁	蔬菜汁
89. 保藏的水果和坚果	保藏的水果和坚果（限于目录23－37类为原料的）
90. 冷冻水果	冷冻水果
91. 冷冻坚果	冷冻板栗
92. 果酱（含果泥）	果酱（含果泥）
93. 烘焙或炒的坚果	松籽、核桃（仁）、杏（仁）、葵花籽（仁）、五香瓜子、榛子（仁）、花生、澳洲坚果（仁）
94. 其他方法加工及保藏的水果和坚果	坚果粉（粒/片）、水果干制品（限于目录23－34类为原料的）
95. 食用植物油	食用植物油（限于以目录1－43和45－49类中的产品或其植株的其他部分作为原料加工的）
96. 植物油加工副产品	植物油加工副产品
97. 经处理的液体乳和奶油	巴氏杀菌乳、灭菌乳、黄油、奶油（限于以目录62－65类中的产品为原料加工的）
98. 乳粉类	奶粉、乳清粉、乳糖
99. 发酵乳	酸奶、奶酪

续表

小类统一序号和名称	小类覆盖产品范围
100. 小麦（粉）	小麦、小麦粉、麦麸
101. 玉米（粉）	玉米、玉米粉
102. 大米（粉）	大米、米粉、米糠
103. 小米（粉）	小米、小米粉
104. 其他谷物碾磨加工品和副产品	其他谷物去壳产品及副产品、其他谷物磨制粉、其他植物磨制粉、碾压的片、藜麦
105. 淀粉	淀粉
106. 淀粉制品	粉丝、其他淀粉制品
107. 豆制品	豆制品
108. 加工的植物性饲料	植物性饲料
109. 加工的动物性饲料	动物性饲料
110. 饼干、面包及其他烘焙产品	饼干、面包、月饼
111. 米面制品	面制品、米制品
112. 方便食品	粮食制品（含糊类食品）
113. 茶	红茶、黑茶、绿茶、花茶、乌龙茶、白茶、黄茶、速溶茶、茶粉
114. 代用茶	苦丁茶、杜仲茶、柿叶茶、桑叶茶、银杏叶茶、野菊花茶、野藤茶、菊花茶、薄荷、大麦茶、其他代用茶（限于以目录1－49类为原料加工的）
115. 咖啡	咖啡
116. 保藏的去壳禽蛋及其制品	禽蛋及其制品
117. 调味品	芝麻盐、香辛料、酱油、酱、醋、糖
118. 植物类中草药加工制品（仅限于经切碎、烘干等物理工艺加工的产品）	三七、大黄、人参、西洋参、菟丝子、牛蒡根、地黄、桔梗、槲寄生、肉桂、杜仲、牡丹皮、五加皮、银杏叶、苦丁茶、罗布麻、红花、藏红花、金银花、山楂、女贞子、山茱萸、五味子、牛蒡子、沙棘、大蓟、广藿香、小蓟、补骨脂、冬虫夏草、茯苓、灵芝、松花粉
119. 白酒和配制酒	白酒、食用酒精配制酒（限于以白酒为配基、以目录1－49类中的植物为原料生产的）

续表

小类统一序号和名称	小类覆盖产品范围
120. 葡萄酒	红葡萄酒、白葡萄酒
121. 果酒	果酒、水果红酒/冰酒/干酒
122. 黄酒	黄酒
123. 米酒	米酒
124. 其他发酵酒	红曲酒
125. 啤酒	啤酒
126. 纺纱用其他天然纤维	竹纤维、蚕丝、皮棉、麻
127. 纺织制成品	纱及其制成品、线及其制成品、丝及其制成品

附录Ⅱ 品种混种：一种利用作物种内多样性的栽培方法

（1）作物种内多样性的利用可以有多种方法。在作物品种选育阶段，可以利用种内多样性，如亲本类型或杂交组合的选择、多系品种的选育等，但这些都不是我们要讨论的问题。这里要说的是发生在品种使用阶段的种内多样性利用问题，即把同一种作物的具有不同抗病性的品种种植在一起，从而造成田内多样性的问题。这种作物栽培方法叫做品种混种（混播、混植或混栽），在我国有时也称作品种多样性混栽。用品种混种方法形成的作物群体——在遗传上是异质的群体，称为品种混种群体，简称混种群体。组成品种混种群体的每一个品种，称为品种混种组分，简称混种组分、组分或组分品种。为了与品种混种进行比较，其组分分开种植在不同田块的情形，统称为单种。用单种方法——为最大限度地追求单位面积产量和满足工业加工需要而推行已久的一种现代栽培方法——形成的群体称为单种群体，通常认为在遗传上是同质的群体。当某一单种群体被大规模使用时，这种情况便称为单一化种植。

（2）单一化种植是大量使用化学肥料和农药，从而造成环境和食品污染的根本原因之一，也是许多地方品种（在遗传上是异质的群体）流失的重要原因，更是许多重要作物病害大面积流行的诱因。英国植物病理学家马丁·S. 沃尔夫（Martin S. Wolfe）是品种混种方法的积极倡导者。35 年前，他曾写道："为了工业加工的需要，我们在寻求作物一致性的道路上也许走得太远。农业生产系统为维持和利用这种一致性而不得不尽其所能来控制各种各样的环境因素。一个更符合于生物学原理，因而更为可靠的途径，也许就是使用那种既能更好地利用环境变化，又能更好地以较小的代价而克服环境中限制因素的异质的作物。"时隔 5 年后，他又写道："单一化种植在工业化的农业中，已经迅速发展成为一种根深蒂固的传统，并受到农产品的工业使用者的鼓励。……现在应该是把农产品的工业使用者的需要，农民的需要，以及作物安全而有效的生产诸方面协调起来的时候了，在这个过程中，利用种内作物异质性群体，可能是一个关键因素。"

（3）品种混种可以分为三对类型，它们分别是随机混种和带状混种、等比例混种和不等比例混种、小组分数目混种和大组分数目混种。

随机混种和带状混种,是根据组分品种在空间上的安排不同而划分的。随机混种是指把不同组分品种的种子充分地混合在一起,然后再播种此种混合种子,借以保证各组分品种的植株在田间分布上是均匀一致的。育种上的多系品种,有时又称为多系混种,无论其组分系的种子是等比例混合或是不等比例混合,就其各组分系的植株在田间的排布方式而言,其实也属于随机混种类型。而带状混种就与随机混种不同,其组分品种在空间安排上是以行(或穴)为单位的,即在一行(穴)或数行(穴)内,安排种植一个组分品种,而在另一行(穴)或另数行(穴)内安排种植另外一个不同的组分品种。带状混种在某些方面与一般间作套种或间混作如小麦套种玉米等颇为相似,在我国水稻品种混种研究中,有时就称之为混合间栽,例如,需要时,很容易把各组分品种分开收获,分开使用。但对随机混种来说,要满足此种需要,就比较困难。此外,尽管在产量上随机混种和带状混种两者之间并没有显著不同,但从病害防治上看,随机混种优于带状混种。实际上,带状混种和随机混种反映了混种程度自低而高的情况。一般地说,随机混种比带状混种更为简单实用。

等比例混种和不等比例混种,是根据组分品种的植株在整个混种群体中所占的比例而划分的。播种时,通过计算不同组分品种的有效粒数并使之相等的办法可进行严格的等比例混种;为此,可能需要事先测定组分品种的种子发芽率和千粒重。在实际应用中,等比例混种可用不太严格的简单称重的方法来实现。由于利用品种混种防治病害的效果，有随感病组分在混种群体中所占比例的减少而增加的规律，所以可以利用这个规律，把混种群体设计成为其每一个组分品种分别感染某种病原物中的不同小种（相当于作物中的品种），然后再把各组分品种以等比例混种，则防效好于不等比例混种。同样，可以利用这个规律，在等比例品种混种群体中适当增加抗病性强的组分品种数目，或者简单地压缩抗病性弱的组分品种的植株在混种群体中所占比例形成不等比例混种群体。从实用上看，等比例混种比较容易操作和实施。

小组分数目混种和大组分数目混种，是根据混种组分数目的多少而划分的。从实际应用上讲，推荐采用小组分数目混种，通常组分数目为 2~4 个，主要有以下三方面的原因：①在当地可用来做混种组分的品种数目不多的情况下，利用有限的资源组合成若干个不同的小组分数目混种群体，可实现动态的使用混种群体的目的，例如，在不同年份使用不同的混种群体——品种混种在时间上的多样性、类似于作物轮作，使病原物不能或很难适应混种群体，从而有利于持续保持品种混种的防病效果。②小组分数目混种，能够保证所选组分品种在成熟期上的一致性，从而易于同时收获。这一点在随机混种中是非常需要注意的。③小组分数目混种为挑选产量相似的高产组分提供了最大可能性。产量相似的组分品种组成的混种群体，最有可能使混种产量不低于最好的组分单种产量。

（4）品种混种的增产效果，称为品种混种产量效应，国际

上通常用下列式子计算

品种混种产量效应（%）= [（观测值－期望值）/期望值] × 100%

当品种混种产量效应 ≥ 0 时，混种有效；当 < 0 时，混种无效。

或者

品种混种产量效应（%）= （观测值/期望值）× 100%

当品种混种产量效应 ≥ 100% 时，混种有效；当 < 100% 时，混种无效。其中，观测值为实际所得的品种混种产量，期望值是根据其组分单种的产量而计算的算术平均数（不等比例混种时，需要采用加权平均数，权数为各组分在品种混种中所占的比例）。

例如，春大麦品种 SB1、SB2、SB3 等比例混种，现测得 SB1-SB2-SB3 混种、SB1 单种、SB2 单种、SB3 单种的籽粒产量，分别是 5.05 吨/公顷、4.59 吨/公顷、4.99 吨/公顷、4.76 吨/公顷。计算品种混种产量效应。

先求出期望值：

$$(4.59 + 4.99 + 4.76)/3 = 4.78（吨/公顷）$$

再求出品种混种产量效应：$[(5.05-4.78)/4.78] \times 100\% = 5.6\%$

表示混种产量比组分单种产量的平均数增加 5.6%（>0），品种混种有效。

或者品种混种产量效应：$(5.05/4.78) \times 100\% = 105.6\%$

表示混种产量是组分单种产量的平均数的 105.6%（>100%），品种混种有效。

计算品种混种的防病效果，称为品种混种的病害防治效应，可采用相同的算式。只不过算式中的观测值和期望值此时就不再是产量了，而是病害数量如发病率、严重度、病情指数等，算得结果表示的意义当然也不同。

例如，春大麦品种 SB1、SB2、SB3 等比例混种，现分别对 SB1-SB2-SB3 混种、SB1 单种、SB2 单种、SB3 单种中的植株上部三片叶子感染白粉病的情况进行调查，调查结果显示，4 个群体对白粉病的感染率分别是 9.3%、6.5%、31.4%、20.3%。计算品种混种的病害防治效应。

先求出期望值：(6.5 + 31.4 + 20.3) / 3
$$= 19.4 (\%)$$

再求出品种混种的病害防治效应：[(9.3 − 19.4) / 19.4] × 100%
$$= -52.1\%$$

表示混种感染白粉病数量比组分单种感染白粉病数量的平均数减少 52.1%（−52.1% < 0），品种混种有效。

或者品种混种的病害防治效应：(9.3 / 19.4) × 100%
$$= 47.9\%$$

表示混种感染白粉病数量是组分单种感染白粉病数量的平均数的 47.9%（<100%），品种混种有效。

（5）利用品种混种增加产量，这在许多作物上已经做了大量观察或检测，包括小麦、玉米、高粱、大麦、黑麦、燕麦、大豆、利马豆、花生、水稻、菜豆、豇豆、金甲豆、棉花、油菜、马铃薯、甘薯、木薯、紫花豌豆、大麻等。现在已经很清楚：组分品种间的相互作用，能够改变混种群体的组成，并使混种群体中的组分产量偏离其单种产量；组分间的这种相互作用，主要是组分与组分间甚至于同一组分内不同植株间对光照与土壤水分和养分的竞争作用；竞争作用可因生物性和非生物性环境压力对作物造成的损害，包括缺损性萌芽、冻害、虫害、病害、缺素症以及由于土壤养分中有毒物质的浓度过大所致毒害等而改变。根据笔者对相关文献的阅读了解看，在没有病害或病害不严重的情况下，混种产量一般不小于组分单种产量的平均数，增幅常为1%~5%。有时，混种产量也会超过最高产组分的单种产量，而小于或等于最低产组分的单种产量，这种情况极为少见。

（6）利用品种混种增加产量稳定性，这在小麦、玉米、黑麦、燕麦、大豆、菜豆、马铃薯等作物的品种混种上，已经得到证实。因而被广泛接受，以至于在美国，由于当今瞬息万变的市场对商业性农业生产的影响，使得大农场有时更看重品种混种的稳产性能，而不是其增产性能。品种混种的稳产性能，主要是由于混种组分间的补偿作用所致，即在混种群体中，对不利的环境因素即环境压力（包括病害压力）有抗性的组分，对于没有或缺乏抗性的组分的补偿作用。例如，在大豆品种混种群体中，具有抗缺铁性能的组分，其产量可补偿没有或缺乏抗缺铁性能的组分的产量。又如，在马铃薯品种混种群体中，对马铃薯卷叶病有抗性的组分,其产量可补偿由于感染此病而遭受损失的组分的产量。

(7) 利用品种混种防治病害,这在谷类作物锈病和白粉病以及稻瘟病上已经做了大量卓有成效的工作,这些病害之所以受到重视,不仅仅因为它们都是生产上极为重要的病害,还因为防治它们的最经济有效的方法是利用品种抗病性;而品种混种就是一种利用品种抗病性防治病害的方法。这些重要病害包括小麦条、叶、秆3种锈病,燕麦冠锈病和秆锈病,大麦条锈病和叶锈病,以及玉米锈病、珍珠稷锈病、大麦白粉病、小麦白粉病、燕麦白粉病、稻瘟病等。利用品种混种防治其他病害,如水稻白叶枯病和纹枯病,大麦云纹病、网斑病和眼点病,小麦颖枯病和眼点病,高粱大斑病,马铃薯晚疫病,芜菁甘蓝白粉病,甜菜丝核菌根腐病,苹果黑星病、柳树锈病、杨树锈病,菜豆角斑病、锈病、炭疽病和斑枯病,大豆疫霉根腐病,以及大麦黄矮病毒和土传小麦花叶病毒等。在有病害存在的情况下,品种混种的产量因病害防治而增加的幅度,以小麦为例,根据笔者对相关文献的阅读了解,通常为3%~13%,而以不超过10%为常见。

(8) 在包含具有不同抗病性的个体的品种混种群体中,可发生一系列复杂而相互联系的变化,从而影响到病原物的生存和繁殖能力,进而影响病害的发展,这就是利用品种混种防治病害的原理。在这一系列变化之中,基本变化包括:①感病植株空间密度的减少,减少了一定面积上感病组织的数量,从而减少了病原物的繁殖量,进而减少了病原物的传播数量;同时,感病植株空间密度的减少,增加了感病植株间的距离,从而增加了病原物在感病植株间传播的距离,进而减少了病原物的有效传播。这个变化通常是最重要的变化,称为密度效应或稀释效应。②居于感病植株之间的抗病植株,充当屏障,阻挡病原物在感病植株间的传播。这个变化称为阻挡效应或阻挡作用。③病原物群体中对某个组分品种不能侵害的非致病性孢子,可在该组分品种上诱导其产生抗病性,致使能够侵害该组分品种的致病性孢子在同一部位不能正常侵染或繁殖。这个变化称为诱导抗病性机制或交叉保护作用。这三个不同的变化(效应、作用或机制)共同发生,虽然在病原物的一个世代对其传播的影响可能比较小,但是经过几个世代的累积,完全可以将品种混种群体上病害数量降低到组分单种群体上病害数量的平均数以下的水平,并使品种混种群体的产量得到相应增加。

(9)利用品种混种防治虫害的例子还比较少,已有的如利用抗虫和不抗虫的水稻品种混种,可减轻稻褐飞虱的危害程度,小麦品种混种可以控制麦二叉蚜,玉米品种混种可减轻高粱蛀茎夜蛾的危害程度并提高产量,高粱品种混种会增加对高粱瘿蚊的抗性,从而增加产量等。

(10)品种混种对环境中的生物性压力和非生物性压力的反应,有着根本的不同。对于非生物性压力如冻害、干旱、倒伏、缺素症等,品种混种和组分单种一样,不会产生直接的影响。但对于生物性压力如病虫害,品种混种和组分单种两者都可直接影响其进程和发生程度。因此，一般地说，品种混种用于缓冲生物性压力的效果可能要比用于缓冲非生物性压力的效果好。

（11）品种混种的产品品质问题，一直都是现代农业应用品种混种群体的一个重要的制约因素。关于这个问题，似乎首先需要考虑作物种类问题，以便提出具体而适当的解决办法。对于许多大田作物，其产品常常并不是分品种售出的；相反，对于有些作物如苹果，其市场价格如何则往往取决于产品品质。对于一些必须分品种使用的作物，可以设法把不同的组分品种分开收获。例如，在品种混种的空间安排上采取带状混种法；或者先收获，然后再按品种分等级。其次，从现有的研究结果看，品种混种的产品品质，在大麦、小麦、水稻等作物上，均不低于其组分单种产品品质的平均水平。而在有些研究中，小麦品种混种的产品品质，甚至与品质最好的组分单种的产品品质一样好。这些研究结果说明，如果品种混种群体中包含具有良好品质的组分，那么，成功地售出品种混种的产品，一般地说，应当不会存在什么困难。最后，作物的品质是较为复杂的性状，受环境影响很大。例如，禾本科作物，即使种植一个纯系品种，其品质在不同的栽培条件、气象条件等环境因素的影响下，也会发生变化，不可能总是保持同一个水平。在环境变异幅度较大的情况下，若同时种植品种混种群体及其组分单种群体，则品种混种的产品品质很有可能比其组分单种的产品品质变化更小。总之，品种混种的产品品质问题，若从播种前（品种混种群体的组分选择方面）、收获时、收获后等技术环节上加以考虑，是完全可以解决的，它不应成为生产上应用品种混种群体的不可逾越的障碍。

(12) 选择混种组分的基本原则，包括以下几点：

第一，组分高产。选择高产组分组合，混种产量容易达到最好水平。

第二，组分间抗病性不同。组分间抗病性不同，可以是针对不同病害的抗病性不同，这样可获得兼治病害的效果。对于同一种病害，组分间抗病性的不同，可以是抗病性在质上的不同，如对不同小种（植物病原真菌）、菌系（植物病原细菌）或株系（植物病毒）的抗病性不同，分别使用抗病性和耐病性组分品种，利用组分品种间在抗侵入（病原物侵入寄主作物体内）、抗扩展（病原物在寄主作物体内扩展）或抗产孢（病原物产生其繁殖体如小麦条锈病菌的夏孢子、白粉病菌的分生孢子等）性能上的不同，等等；也可以是抗病性在量上的不同，即普通所说的抗病程度不同。

第三，不同年份更换组分。不同年份更换组分的情况，可以发生在以下两种情况：有新品种可作为混种组分使用；流行性小种有变化，例如，过去流行小种 a，现在流行小种 b，则应当用抗 b 的组分品种 B 去替换抗 a 的组分品种 A。

第四，组分间成熟期比较接近。这是为了统一收获之故，不适合于混种组分分开收获的情形。

第五，组分间在其他性状上适当保持多样性。这些性状包括抗虫性、抗寒性、抗旱性、抗倒伏性、幼苗生长习性、分蘖数、株高、株型、品质,等等。尽管抗病性是选择组分时必须考虑的因素,但也有例外。例如,在美国堪萨斯州,小麦品种混种的面积在2001年、2002年、2003年分别占该州小麦种植面积的7%、11.5%、12.8%;而农民所以这样做,主要考虑的倒不是病害问题,而是抗寒性问题。因此,除抗病性外,因时因地制宜,使组分间在其他性状上适当保持多样性,有利于作物缓冲环境中其他生物性和非生物性压力,从而提高作物生产力。

附录Ⅲ 有机产品生产加工中允许使用的物质表

编制说明

(1) 编制依据为有机产品国家标准(GB/T 19630-2011)及其第1号修改单。

(2) 有机产品生产加工中允许使用的物质表,由4个表格组成。为与有机产品国家标准相统一,各表格的名称保持原貌:附表1有机植物生产中允许使用的投入品;附表2有机动物养殖中允许使用的物质;附表3有机食品加工中允许使用的食品添加剂、助剂和其他物质;附表4有机饲料加工中允许使用的添加剂。

(3) 编制附表3、附表4时,删掉了原文中物质名称的英文注释,以保持与附表1、附表2的统一。

附表1 有机植物生产中允许使用的投入品

土壤培肥和改良物质

类别	名称和组分	使用条件
Ⅰ.植物和动物来源	植物材料（秸秆、绿肥等）	
	畜禽粪便及其堆肥（包括圈肥）	经过堆制并充分腐熟
	畜禽粪便和植物材料的厌氧发酵产品（沼肥）	
	海草或海草产品	仅直接通过下列途径获得：物理过程，包括脱水、冷冻和研磨；用水或酸和（或）碱溶液提取；发酵
	木料、树皮、锯屑、刨花、木灰、木炭及腐殖酸类物质	来自采伐后未经化学处理的木材，地面覆盖或经过堆制
	动物来源的副产品（血粉、肉粉、骨粉、蹄粉、角粉、皮毛、羽毛和毛发粉、鱼粉、牛奶及奶制品等）	未添加禁用物质，经过堆制或发酵处理
	蘑菇培养废料和蚯蚓培养基质	培养基的初始原料限于本附录中的产品，经过堆制
	食品工业副产品	经过堆制或发酵处理
	草木灰	作为薪柴燃烧后的产品
	泥炭	不含合成添加剂。不应用于土壤改良；只允许作为盆栽基质使用
	饼粕	不能使用经化学方法加工的
Ⅱ.矿物来源	磷矿石	天然来源，镉含量小于等于90毫克/千克五氧化二磷
	钾矿粉	天然来源，未通过化学方法浓缩，氯含量少于60%
	硼砂	天然来源，未经化学处理，未添加化学合成物质
	微量元素	天然来源，未经化学处理，未添加化学合成物质
	镁矿粉	天然来源，未经化学处理，未添加化学合成物质
	硫黄	天然来源，未经化学处理，未添加化学合成物质
	石灰石、石膏和白垩	天然来源，未经化学处理，未添加化学合成物质

续表

土壤培肥和改良物质		
类别	名称和组分	使用条件
Ⅱ.矿物来源	黏土（如珍珠岩、蛭石等）	天然来源，未经化学处理，未添加化学合成物质
	氯化钠	天然来源，未经化学处理，未添加化学合成物质
	石灰	仅用于茶园土壤pH调节
	窑灰	未经化学处理、未添加化学合成物质
	碳酸钙镁	天然来源，未经化学处理，未添加化学合成物质
	泻盐类	未经化学处理、未添加化学合成物质
Ⅲ.微生物来源	可生物降解的微生物加工副产品，如酿酒和蒸馏酒行业的加工副产品	未添加化学合成物质
	天然存在的微生物提取物	未添加化学合成物质

植物保护产品		
类别	名称和组分	使用条件
Ⅰ.植物和动物来源	楝素（苦楝、印楝等提取物）	杀虫剂
	天然除虫菊素（除虫菊科植物提取液）	杀虫剂
	苦参碱及氧化苦参碱（苦参等提取物）	杀虫剂
	鱼藤酮类（如毛鱼藤）	杀虫剂
	蛇床子素（蛇床子提取物）	杀虫、杀菌剂
	小蘖碱（黄连、黄柏等提取物）	杀菌剂
	大黄素甲醚（大黄、虎杖等提取物）	杀菌剂
	植物油（如薄荷油、松树油、香菜油）	杀虫剂、杀螨剂、杀真菌剂、发芽抑制剂
	寡聚糖（甲壳素）	杀菌剂、植物生长添加剂
	天然诱集和杀线虫剂（如万寿菊、孔雀草、芥子油）	杀线虫剂
	天然酸（如食醋、木醋和竹醋）	杀菌剂
	菇类蛋白多糖（蘑菇提取物）	杀菌剂

续表

植物保护产品		
类别	名称和组分	使用条件
Ⅰ.植物和动物来源	水解蛋白质	引诱剂，只在批准使用的条件下，并与本附录的适当产品结合使用
	牛奶	杀菌剂
	蜂蜡	用于嫁接和修剪
	蜂胶	杀菌剂
	明胶	杀虫剂
	卵磷脂	杀真菌剂
	具有驱避作用的植物提取物（大蒜、薄荷、辣椒、花椒、熏衣草、柴胡、艾草的提取物）	驱避剂
	昆虫天敌（如赤眼蜂、瓢虫、草蛉等）	控制虫害
Ⅱ.矿物来源	铜盐（如硫酸铜、氢氧化铜、氯氧化铜、辛酸铜等）	杀真菌剂，防止过量施用而引起铜的污染
	石流合剂	杀真菌剂、杀虫剂、杀螨剂
	波尔多液	杀真菌剂，每年每公顷铜的最大使用量不超过6千克
	氢氧化钙（石灰水）	杀真菌剂、杀虫剂
	硫黄	杀真菌剂、杀螨剂、驱避剂
	高锰酸钾	杀真菌剂、杀细菌剂；仅用于果树和葡萄
	碳酸氢钾	杀真菌剂
	石蜡油	杀虫剂、杀螨剂
	轻矿物油	杀虫剂、杀真菌剂；仅用于果树、葡萄和热带作物（如香蕉）
	氯化钙	用于治疗缺钙症
	硅藻土	杀虫剂
	黏土（如斑脱土、珍珠岩、蛭石、沸石等）	杀虫剂
	硅酸盐（硅酸钠，石英）	驱避剂
	硫酸铁（3价铁离子）	杀软体动物剂
Ⅲ.微生物来源	真菌及真菌提取物（如白僵菌、轮枝菌、木真菌等）	杀虫、杀菌、除草剂
	细菌及细菌提取物（如苏云金芽孢杆菌、枯草芽孢杆菌、蜡质芽孢杆菌、地衣芽孢杆菌、荧光假单孢杆菌等）	杀虫、杀菌、除草剂
	病毒及病毒提取物（如核型多角体病毒、颗粒体病毒等）	杀虫剂

续表

植物保护产品

类别	名称和组分	使用条件
Ⅳ.其他	氢氧化钙	杀真菌剂
	二氧化碳	杀虫剂，用于储存设施
	乙醇	杀菌剂
	海盐和盐水	杀菌剂，仅用于种子处理，尤其是稻谷种子
	明矾	杀菌剂
	软皂（钾肥皂）	杀虫剂
	乙烯	香蕉、猕猴桃、柿子催熟，菠萝调花，抑制马铃薯和洋葱萌发
	石英砂	杀真菌剂、杀螨剂、驱避剂
	昆虫性外激素	仅用于诱捕器和散发皿内
	磷酸氢二铵	引诱剂，只限用于诱捕器中使用
Ⅴ.诱捕器、屏障	物理措施（如色彩诱捕器、机械诱捕器）	
	覆盖物（网）	

清洁剂和消毒剂

类别	名称和组分	使用条件
	醋酸（非合成的）	设备清洁
	醋	设备清洁
	乙醇	消毒
	异丙醇	消毒
	过氧化氢	仅限食品级的过氧化氢，设备清洁剂
	碳酸钠、碳酸氢钠	设备消毒
	碳酸钾、碳酸氢钾	设备消毒
	漂白剂	包括次氯酸钙、二氧化氯或次氯酸钠，可用于消毒和清洁食品接触面。直接接触植物产品的冲洗水中余氯含量应符合《生活饮用水卫生标准》（GB 5749）的要求
	过乙酸	设备消毒
	臭氧	设备消毒
	氢氧化钾	设备消毒
	氢氧化钠	设备消毒
	柠檬酸	设备清洁
	肥皂	仅限可生物降解的，允许用于设备清洁
	皂基杀藻剂/除雾剂	杀藻、消毒剂和杀菌剂，用于清洁灌溉系统，不含禁用物质
	高锰酸钾	设备消毒

附表2 有机动物养殖中允许使用的物质

序号	名称	说明	INS
		添加剂和用于动物营养的物质	
1	铁	硫酸亚铁、碳酸亚铁	
2	碘	碘酸钙、六水碘酸钙、碘化钠、碘化钾	
3	钴	硫酸钴、氯化钴	
4	铜	五水硫酸铜、氧化铜（反刍动物）	
5	锰	碳酸锰、氧化锰、硫酸锰、氯化镁	
6	锌	氧化锌、碳酸锌、硫酸锌	
7	钼	钼酸钠	
8	硒	亚硒酸钠	
9	钠	氯化钠、硫酸钠	
10	钙	碳酸钙（石粉、贝壳粉）、乳酸钙	
11	磷	磷酸氢钙、磷酸二氢钙、磷酸三钙	
12	镁	氧化镁、氯化镁、硫酸镁	
13	硫	硫酸钠	
14	维生素	来源于天然生长的饲料源的维生素。在饲喂单胃动物时可使用与天然维生素结构相同的合成维生素。若反刍动物无法获得天然来源的维生素，可使用与天然维生素一样的合成的维生素A、D和E	
15	微生物	畜牧技术用途，不是转基因/基因工程生物或产品	
16	酵母	青贮饲料添加剂，不是转基因/基因工程生物或产品	
17	酿酒酵母	用于动物营养	
18	酶	青贮饲料添加剂和畜牧技术用途，不是转基因/基因工程生物或产品	
19	山梨酸	防腐剂	200
20	甲酸	防腐剂和青贮饲料添加剂，只可在天气条件不能满足充分发酵的情况下使用	236
21	乙酸	防腐剂和青贮饲料添加剂，只可在天气条件不能满足充分发酵的情况下使用	260
22	乳酸	防腐剂和青贮饲料添加剂，只可在天气条件不能满足充分发酵的情况下使用	270
23	丙酸	防腐剂和青贮饲料添加剂，只可在天气条件不能满足充分发酵的情况下使用	280
24	柠檬酸	防腐剂，只可在天气条件不能满足充分发酵的情况下使用	330
25	硬脂酸钙	天然来源，黏合剂和抗结块剂	470
26	二氧化硅	黏合剂和抗结块剂	551 b

续表

添加剂和用于动物营养的物质			
序号	名称	说明	INS
27	海盐	青贮饲料添加剂	
28	粗石盐	青贮饲料添加剂	
29	乳清	青贮饲料添加剂	
30	糖	青贮饲料添加剂	
31	甜菜渣	青贮饲料添加剂	
32	谷物粉	青贮饲料添加剂	

动物养殖允许使用的清洁剂和消毒剂			
序号	名称	说明	INS
1	钾皂和钠皂		
2	水和蒸汽		
3	石灰水（氢氧化钙溶液）		
4	石灰（氧化钙）		
5	熟石灰（氢氧化钙）		
6	次氯酸钠	用于消毒设施和设备	
7	次氯酸钙	用于消毒设施和设备	
8	二氧化氯	用于消毒设施和设备	
9	高锰酸钾	可使用0.1%高锰酸钾溶液，以免腐蚀性过强	
10	氢氧化钠		
11	氢氧化钾		
12	过氧化氢	仅限食品级，用作外部消毒剂。可作为消毒剂添加到家畜的饮水中	
13	植物源制剂		
14	柠檬酸		
15	过乙酸		
16	蚁酸		
17	乳酸		
18	草酸		
19	异丙醇		
20	乙酸		
21	酒精	供消毒和杀菌用	
22	碘（如碘酒）	作为清洁剂，应用热水冲洗；仅限非元素碘，体积百分含量不超过5%	
23	硝酸	用于牛奶设备清洗，不应与有机管理的畜禽或者土地接触	
24	磷酸	用于牛奶设备清洗，不应与有机管理的畜禽或者土地接触	
25	甲醛	用于消毒设施和设备	
26	用于乳头清洁和消毒的产品	符合国家相关标准	
27	碳酸钠		

续表

蜜蜂养殖允许使用的疾病和有害生物控制物质			
序号	名称	说明	INS
1	甲酸（蚁酸）	控制寄生螨，这种物质可以在该季最后一次蜂蜜收获之后并且在添加贮蜜继箱之前30天停止使用	
2	乳酸、醋酸、草酸	控制病虫害	
3	薄荷醇	控制蜜蜂呼吸道寄生螨	
4	天然香精油（麝香草酚、桉油精或樟脑）	驱避剂	
5	氢氧化钠	控制病害	
6	氢氧化钾	控制病害	
7	氯化钠	控制病害	
8	草木灰	控制病害	
9	氢氧化钙	控制病害	
10	硫黄	仅限于蜂箱和巢脾的消毒	
11	苏云金杆菌	非转基因	
12	漂白剂（次氯酸钙、二氧化氯或次氯酸钠）	养蜂工具消毒	
13	蒸汽和火焰	蜂箱的消毒	
14	琼脂	仅限水提取的	
15	杀鼠剂（维生素D）	用于控制鼠害，以对蜜蜂和蜂产品安全的方式使用	

附表3 有机食品加工中允许使用的食品添加剂、助剂和其他物质

食品添加剂			
序号	名称	使用条件	INS
1	阿拉伯胶	增稠剂，用于《食品添加剂使用标准》（GB2760-2011）表A.3所列食品之外的各类食品，按生产需要适量使用	414
2	刺梧桐胶	稳定剂，用于调制乳和水油状脂肪乳化制品以及《食品添加剂使用标准》（GB2760-2011）表A.3所列食品之外的各类食品，按生产需要适量使用	416

续表

序号	名称	食品添加剂 使用条件	INS
3	二氧化硅	抗结剂,用于脱水蛋制品、奶粉、可可粉、可可脂、糖粉、固体复合调味料、固体饮料类、香辛料类,按《食品添加剂使用标准》(GB2760-2011)限量使用	551
4	二氧化硫	漂白剂、防腐剂、抗氧化剂,用于未加糖果酒,最大使用量为50毫克/升;用于加糖果酒,最大使用量为100毫克/升;用于红葡萄酒,最大使用量为100毫克/升;用于白葡萄酒和桃红葡萄酒,最大使用量为150毫克/升。最大使用量以二氧化硫残留量计	220
5	甘油	水分保持剂、乳化剂,用于《食品添加剂使用标准》(GB2760-2011)表A.3所列食品之外的各类食品,按生产需要适量使用	422
6	瓜尔胶	增稠剂,用于《食品添加剂使用标准》(GB2760-2011)表A.3所列食品之外的各类食品,按生产需要适量使用;用于稀奶油和较大婴儿和幼儿配方食品时按《食品添加剂使用标准》(GB2760-2011)限量使用	412
7	果胶	乳化剂、稳定剂、增稠剂,用于发酵乳、稀奶油、黄油和浓缩黄油、生湿面制品(如面条、饺子皮、馄饨皮、烧卖皮)、生干面制品、其他糖和糖浆(如红糖、赤砂糖、槭树糖浆)、香辛料类以及《食品添加剂使用标准》(GB2760-2011)表A.3所列食品之外的各类食品,按生产需要适量使用;用于果蔬汁(浆)时按《食品添加剂使用标准》(GB2760-2011)限量使用	440
8	海藻酸钾	增稠剂,用于《食品添加剂使用标准》(GB2760-2011)表A.3所列食品之外的各类食品,按生产需要适量使用	402
9	海藻酸钠	增稠剂,用于发酵乳、稀奶油、黄油和浓缩黄油、生湿面制品(如面条、饺子皮、馄饨皮、烧卖皮)、生干面制品、果蔬汁(浆)、香辛料类以及《食品添加剂使用标准》(GB2760-2011)表A.3所列食品之外的各类食品,按生产需要适量使用;用于其他糖和糖浆(如红糖、赤砂糖、槭树糖浆)时按《食品添加剂使用标准》(GB2760-2011)限量使用	401
10	槐豆胶	增稠剂,用于《食品添加剂使用标准》(GB2760-2011)表A.3所列食品之外的各类食品,按生产需要适量使用;用于婴幼儿配方食品时按《食品添加剂使用标准》(GB2760-2011)限量使用	410

续表

食品添加剂			
序号	名称	使用条件	INS
11	黄原胶	增稠剂,用于《食品添加剂使用标准》(GB2760-2011) 表 A.3 所列食品之外的各类食品,按生产需要适量使用;稳定剂、增稠剂,用于稀奶油、果蔬汁(浆)、香辛料类时按生产需要适量使用;用于黄油和浓缩黄油、生湿面制品(如面条、饺子皮、馄饨皮、烧卖皮)、生干面制品、其他糖和糖浆(如红糖、赤砂糖、槭树糖浆)时按《食品添加剂使用标准》(GB2760-2011) 限量使用	415
12	焦亚硫酸钾	漂白剂、防腐剂、抗氧化剂,用于啤酒时,按《食品添加剂使用标准》(GB2760-2011) 限量使用;用于未加糖果酒,最大使用量为 50 毫克/升;用于加糖果酒,最大使用量为 100 毫克/升;用于红葡萄酒,最大使用量为 100 毫克/升;用于白葡萄酒和桃红葡萄酒,最大使用量为 150 毫克/升。最大使用量以二氧化硫残留量计	224
13	L(+)-酒石酸和酒石酸	酸度调节剂,用于《食品添加剂使用标准》(GB2760-2011) 表 A.3 所列食品之外的各类食品,按生产需要适量使用	334
14	酒石酸钾	膨松剂,用于小麦粉及其制品、焙烤食品。按生产需要适量使用	336
15	卡拉胶	增稠剂,用于《食品添加剂使用标准》(GB2760-2011) 表 A.3 所列食品之外的各类食品,按生产需要适量使用;乳化剂、稳定剂、增稠剂,用于稀奶油、黄油和浓缩黄油、生湿面制品(如面条、饺子皮、馄饨皮、烧卖皮)、果蔬汁(浆)、香辛料类时按生产需要适量使用;用于生干面制品、其他糖和糖浆(如红糖、赤砂糖、槭树糖浆)以及婴幼儿配方食品时按《食品添加剂使用标准》(GB2760-2011) 限量使用	407
16	抗坏血酸(维生素C)	抗氧化剂,用于浓缩果蔬汁(浆)及用于《食品添加剂使用标准》(GB2760-2011) 表 A.3 所列食品之外的各类食品,按生产需要适量使用。面粉处理剂,用于小麦粉,按《食品添加剂使用标准》(GB2760-2011) 限量使用	300
17	磷酸氢钙	膨松剂,用于小麦粉及其制品、生湿面制品(如面条、饺子皮、馄饨皮、烧卖皮)、焙烤食品和膨化食品,按《食品添加剂使用标准》(GB2760-2011) 中使用范围及限量使用	341ii

续表

食品添加剂

序号	名称	使用条件	INS
18	硫酸钙（天然）	稳定剂、凝固剂、增稠剂、酸度调节剂，用于豆类制品，按生产需要适量使用；用于面包、糕点、饼干、腌腊肉制品（如咸肉、腊肉、板鸭、中式火腿、腊肠等）（仅限腊肠）、肉灌肠类时按《食品添加剂使用标准》(GB2760-2011)限量使用	516
19	氯化钙	凝固剂、稳定剂、增稠剂，用于稀奶油和豆类制品，按生产需要适量使用；用于水果罐头、果酱、蔬菜罐头、装饰糖果（如工艺造型或用于蛋糕装饰）、顶饰（非水果材料）和甜汁、调味糖浆时按《食品添加剂使用标准》(GB2760-2011)限量使用	509
20	氯化钾	用于盐及代盐制品，按《食品添加剂使用标准》(GB2760-2011)限量使用	508
21	氯化镁（天然）	稳定剂和凝固剂，用于豆类制品，按生产需要适量使用	511
22	明胶	增稠剂，用于《食品添加剂使用标准》(GB2760-2011)表A.3所列食品之外的各类食品，按生产需要适量使用	
23	柠檬酸	酸度调节剂，应是碳水化合物经微生物发酵的产物。用于婴幼儿配方食品、婴幼儿辅助食品以及《食品添加剂使用标准》(GB2760-2011)表A.3所列食品之外的各类食品，按生产需要适量使用	330
24	柠檬酸钾	酸度调节剂，用于婴幼儿配方食品、婴幼儿辅助食品以及《食品添加剂使用标准》(GB2760-2011)表A.3所列食品之外的各类食品，按生产需要适量使用	332ii
25	枸橼酸钠	酸度调剂剂，用于婴幼儿配方食品、婴幼儿辅助食品以及《食品添加剂使用标准》(GB2760-2011)表A.3所列食品之外的各类食品，按生产需要适量使用	331iii
26	苹果酸	酸度调节剂，不能是转基因产品，用于《食品添加剂使用标准》(GB2760-2011)表A.3所列食品之外的各类食品，按生产需要适量使用	296
27	氢氧化钙	酸度调剂剂，用于乳粉（包括加糖乳粉）和奶油粉及其调制品、婴儿配方食品，按生产需要适量使用	526
28	琼脂	增稠剂，用于《食品添加剂使用标准》(GB2760-2011)表A.3所列食品之外的各类食品，按生产需要适量使用	406

续表

食品添加剂

序号	名称	使用条件	INS
29	乳酸	酸度调节剂，不能是转基因产品，用于婴幼儿配方食品以及《食品添加剂使用标准》（GB2760-2011）表A.3所列食品之外的各类食品，按生产需要适量使用	270
30	乳酸钠	水分保持剂、酸度调节剂、抗氧化剂、膨松剂、增稠剂、稳定剂，用于《食品添加剂使用标准》（GB2760-2011）表A.3所列食品之外的各类食品，按生产需要适量使用；用于生湿面制品（如面条、饺子皮、馄饨皮、烧卖皮），按《食品添加剂使用标准》（GB2760-2011）限量使用	325
31	碳酸钙	膨松剂、面粉处理剂，用于《食品添加剂使用标准》（GB2760-2011）表A.3所列食品之外的各类食品，按生产需要适量使用	170i
32	碳酸钾	酸度调剂剂，用于婴幼儿配方食品以及《食品添加剂使用标准》（GB2760-2011）表A.3所列食品之外的各类食品，按生产需要适量使用；用于生湿面制品（如面条、饺子皮、馄饨皮、烧卖皮），按《食品添加剂使用标准》（GB2760-2011）限量使用	501i
33	碳酸钠	酸度调节剂，用于生湿面制品（如面条、饺子皮、馄饨皮、烧卖皮）、生干面制品以及《食品添加剂使用标准》（GB2760-2011）表A.3所列食品之外的各类食品，按生产需要适量使用	500i
34	碳酸氢钠	膨松剂，用于《食品添加剂使用标准》（GB2760-2011）表A.3所列食品之外的各类食品，按生产需要适量使用	503ii
35	硝酸钾	护色剂、防腐剂，用于肉制品，最大使用量80毫克/千克，最大残留量30毫克/千克（以亚硝酸钠计）	252
36	亚硝酸钠	护色剂、防腐剂，用于肉制品，最大使用量80毫克/千克，最大残留量30毫克/千克（以亚硝酸钠计）	250
37	胭脂树橙（红木素、降红木素）	着色剂，用于再制干酪、其他油脂或油脂制品（仅限植脂末）、冷冻饮品（食用冰除外）、果酱、巧克力和巧克力制品、除以可可为主要原料的脂、粉、浆、酱、馅等以外的可可制品、代可可脂巧克力及使用可可脂代用品的巧克力类似产品、糖果、面糊（如用于鱼和禽肉的拖面糊）、囊粉、煎炸粉，按《食品添加剂使用标准》（GB2760-2011）限量使用	160b
38	磷脂	应符合《食品添加剂使用标准》（GB2760-2011）的规定	

续表

加工助剂

序号	名称	使用条件	INS
1	氮气	用于食品保存,仅允许使用非石油来源的不含石油级的	941
2	二氧化碳(非石油制品)	防腐剂、加工助剂,应是非石油制品。用于碳酸饮料、其他发酵酒类(充气型)	290
3	高岭土	澄清剂、助滤剂,用于葡萄酒、果酒、黄酒和配制酒的加工工艺和发酵工艺	559
4	固化单宁	澄清剂,用于配制酒的加工工艺和发酵工艺	
5	硅胶	澄清剂,用于啤酒、葡萄酒、果酒、配制酒和黄酒的加工工艺	
6	硅藻土	过滤助剂	
7	活性炭	加工助剂	
8	硫酸	絮凝剂,用于啤酒的加工工艺	
9	氯化钙	加工助剂,用于豆制品加工工艺	509
10	膨润土(皂土、斑脱土)	吸附剂、助滤剂、澄清剂,葡萄酒、果酒、黄酒和配制酒的加工工艺、发酵工艺	
11	氢氧化钙	用作玉米面的添加剂和食糖加工助剂	526
12	氢氧化钠	酸度调节剂,加工助剂	524
13	食用单宁	助滤剂、澄清剂、脱色剂,黄酒、啤酒、葡萄酒和配制酒的加工工艺、油脂脱色工艺	181
14	碳酸钙	加工助剂	170i
15	碳酸钾	用于葡萄干燥	501i
16	碳酸镁	加工助剂,用于面粉加工	504i
17	碳酸钠	用于食糖的生产	500i
18	纤维素	用于白明胶的生产	
19	盐酸	用于白明胶的生产	507
20	乙醇	来源应是有机来源的	
21	珍珠岩	助滤剂,用于啤酒、葡萄酒、果酒和配制酒的加工工艺、发酵工艺	
22	滑石粉	脱模剂,用于糖果的加工工艺	553iii
23	磷脂	应符合《食品添加剂使用标准》(GB2760-2011)的规定	

调味品

序号	名称	使用条件	INS
1	香精油	以油、水、酒精、二氧化碳为溶剂通过机械和物理方法提取的天然香料	
2	天然烟熏味调味品		
3	天然调味品	需根据有机标准之生产部分附录C评估有机添加剂和加工助剂的准则来评估认可	

续表

微生物制品				
序号	名称	使用条件	INS
4	天然微生物及其制品	基因工程生物及其产品除外	
5	发酵剂	生产过程未使用漂白剂和有机溶剂	

其他配料			
序号	名称	使用条件	INS
1	饮用水		
2	食盐		
3	矿物质（包括微量元素）、维生素和氨基酸	使用条件应至少满足下列情况中的一种：①法律规定应使用。②有确凿证据证明食品中严重缺乏时才可以使用。③不能获得符合本标准的替代物，且如果不使用这些配料，产品将无法正常生产或保存，或其质量不能达到一定的标准	

附表4 有机饲料加工中允许使用的添加剂

序号	名称	说明	INS
1	铁	硫酸亚铁、碳酸亚铁	
2	碘	碘酸钙、六水碘酸钙、碘化钾、碘化钠	
3	钴	硫酸钴、氧化钴	
4	铜	五水硫酸铜、氧化铜（反刍动物）	
5	锰	碳酸锰、氧化锰、硫酸锰、氯化镁	
6	锌	碳酸锌、氧化锌、硫酸锌	
7	钼	钼酸钠	
8	硒	亚硒酸钠	
9	钠	氯化钠、硫酸钠	
10	钙	碳酸钙（石粉、贝壳粉）、乳酸钙	
11	磷	磷酸氢钙、磷酸二氢钙、磷酸三钙	
12	镁	氧化镁、氯化镁、硫酸镁	
13	硫	硫酸钠	
14	维生素	来源于天然生长的饲料源的维生素。在饲喂单胃动物时可使用与天然维生素一样的合成维生素。若反刍动物无法获得天然来源的维生素，可使用与天然维生素一样的合成维生素A、D和E	
15	微生物	地衣芽孢杆菌、枯草芽孢杆菌、两歧双歧杆菌、粪肠球菌、屎肠球菌、乳酸肠球菌、嗜酸乳杆菌、干酪乳杆菌、乳酸乳杆菌、植物乳杆菌、乳酸片球菌、戊糖片球菌、产朊假丝酵母、酿酒酵母、沼泽红假单胞菌、保加利亚乳杆菌（仅用于猪、鸡和青贮饲料）	

续表

序号	名称	说明	INS
16	酶	青贮饲料添加剂	
17	山梨酸	防腐剂	200
18	甲酸	防腐剂,用于青贮饲料,只有在天气条件不能满足充分发酵时才可使用	236
19	乙酸	防腐剂,用于青贮饲料,只有在天气条件不能满足充分发酵时才可使用	260
20	乳酸	防腐剂,用于青贮饲料,只有在天气条件不能满足充分发酵时才可使用	270
21	丙酸	防腐剂,用于青贮饲料,只有在天气条件不能满足充分发酵时才可使用	280
22	柠檬酸	防腐剂	330
23	硬脂酸钙	天然来源,黏合剂和抗结块剂	470
24	二氧化硅	黏合剂和抗结块剂	551b